Gerhard von Zezschwitz

Über die wesentlichen Verfassungsziele der lutherischen Reformation

Gerhard von Zezschwitz

Über die wesentlichen Verfassungsziele der lutherischen Reformation

ISBN/EAN: 9783743663039

Hergestellt in Europa, USA, Kanada, Australien, Japan

Cover: Foto ©Lupo / pixelio.de

Weitere Bücher finden Sie auf **www.hansebooks.com**

Ueber
die wesentlichen Verfassungsziele
der
lutherischen Reformation.

Von

Carl Adolf Gerhard von Zezschwitz,
Dr. und ord. Prof. der Theologie zu Erlangen.

Programm
zum Eintritt in den Königlichen akademischen Senat
der
Friedrich-Alexanders-Universität zu Erlangen.

Leipzig,
J. C. Hinrichs'sche Buchhandlung.
1867.

Unterſuchungen über Principien und Inſtitutionen auf dem Gebiete der proteſtantiſchen Kirchenverfaſſung ſind gegenwärtig ſchwer von dem Eindruck der Tendenz frei zu halten, als würden ſie in dem Intereſſe angeſtellt, Unterlagen für anzuſtrebende Reform der factiſchen Zuſtände darzubieten. Zweifellos wird es einen Maßſtab für den Werth und die Bedeutung ſolcher Unterſuchungen bilden, ob ſie, wenn auch noch ſo tendenzlos, Schlaglichter auf die Verfaſſungszuſtände der Gegenwart als Folgen früherer Verfaſſungsentwicklung werfen, ob und wieweit Impulſe für die Zukunft aus ihnen genommen werden können.

Wir betrachten Rückhaltung nach dieſer Seite als erſtes Geſetz. Nicht nur weil hiſtoriſche Unterſuchungen, wie ſie hier dargeboten ſein wollen, nur ſo den Charakter und Eindruck wahrer Objectivität und Treue bewahren. Mehr noch, weil die bereits vorliegenden Strebungen auf dieſem Gebiet in unklarſter Miſchung der Motive und Ziele durcheinandergehen, auch wo ihre Vertreter in der Berufung auf dieſelben reformatoriſchen Auctoritäten zuſammentreffen. — Dazu kommt die Verwechslung und Vermengung politiſcher mit kirchlichen Zielen und Intereſſen, auf dieſem Gebiete ſo nahe gelegt und in der Gegenwart zur bedrohlichſten Begriffs- und Sprachverwirrung entartet. Ueber Alles aber iſt's eine Thatſache, die wahre Freunde der Kirche von allen voreiligen Reformvorſchlägen zurückhalten muß: — die Thatſache, daß die meiſten und wichtigſten Vorausſetzungen in den Zuſtänden der Gemeinden und Landeskirchen fehlen, deren man für Verfaſſungsreformen, die tief in das Leben und den bisherigen Gang der Entwicklung eingreifen, gar nicht entbehren kann. Die alte Mahnung „de rebus ecclesiasticis caute instaurandis" steigt an Werth in Zeiten, wo sich niemand dem Eindruck entziehen kann, daß alles früher Feststehende in Fluß gerathen zu wollen scheint. Verfassungsformen sind ihrer Natur nach mehr dazu gemacht, Leben zu erhalten als zu erneuern.

Bei der Darstellung von Verfassungszielen und Principien kirchlicher Vergangenheit kann man vielfach gar nicht vermeiden, den Aufweis der Folgen und Wirkungen in den kirchlichen Zuständen bis auf späte Zeiten und in die Gegenwart hinein ausdrücklich ins Bereich der Betrachtung zu ziehen. Es gehört dies zur historischen Aufgabe in ihrem vollen Umfang. Strebungen der Gegenwart bilden so als Parallelen oder Gegenstücke die unentbehrlichen Mittel lebendiger Veranschaulichung und bringen die charakteristischen Unterschiede an sich verwandter Erscheinungen erst zum klaren Ausdruck. Auch wird niemand, der ein Herz hat für drückende Folgen früherer Entwicklungen wie für Wünsche, Hoffnungen und Möglichkeiten, die von der kirchlichen Gegenwart zeitenweise nahe gebracht werden — solche Untersuchungen so parteilos führen können, daß er ohne persönliche Urtheilsabgabe und Stellungnahme Facta nur zu referieren wüßte. Es bleibt nur der Unterschied zwischen der Tendenzdarstellung, die mit der Geschichte der Vergangenheit Geschichte zu machen sucht in der Gegenwart, und zwischen dem historischen Versuch, der das Spiegelbild der Vergangenheit mit der Bescheidung der Gegenwart gegenüberstellt, daß alles was Geschichte zu heißen verdient, in Gegenwart wie Vergangenheit, etwas gegebenes ist.

Die Verfassungsziele der lutherischen Reformation darzustellen ist kein neues Unternehmen und doch, wie sich zeigen wird, ein aufs Neue nöthiges für die Gegenwart wie für die Geschichte selbst. Nicht nur, daß eine Reihe von Erscheinungen entsprechende Beachtung überhaupt noch nicht recht gefunden hat; Andres durch zusammenordnende Betrachtung erst das wahre Licht gewinnt, das die Untersuchung über einzelne Erscheinungen wie über den Summepiskopat oder das Gemeindeprincip nicht gewähren kann. Vor Allem sind es die wunderbaren Widersprüche und Gegensätze, welche theils scheinbar, theils wirklich unausgeglichen in den Verfassungsansätzen der lutherischen Reformation hervortreten, was an sich das Interesse und die Forschung immer neu herausfordert. Eine einseitige Verfolgung praktischer Interessen aber würde grade dazu unfähig machen, den verschiednen Momenten gerecht zu werden, wie sie in der Reformation neben und gegen einander zum Theil ganz unvermittelt auftreten. Für die entgegengesetztesten Verfassungsbestrebungen der Gegenwart beruft man sich auf die Auctorität der Reformatoren — mit Recht, so weit in der That die verschiedensten Elemente dort nachweisbar sind; mit Unrecht, sofern man einseitige Berechtigung der einzelnen in Anspruch nimmt oder voraussetzt. Auch die reingeschichtliche Untersuchung wird so viel möglich ermitteln müssen, welches die hervortretenden und vor den andren berechtigten Momente sind, was mehr zufällig veranlaßt und was wirklich principiell angestrebtes Ziel zu nennen ist. Sie wird endlich den verborgnen Einheitsgedanken in den scheinbar nicht zu vereinenden Gegensätzen nachgehen müssen. Immer aber wird bei so gearteter Vorlage nur der Blick, der unbeirrt durch Strebungen und Wünsche andrer Zeiten auf der geschichtlichen Eigenthümlichkeit der Reformationszeit für sich geheftet ruht, geschichtlich wahre Resultate zu entdecken und somit auch die wirkliche Lehre, die darin für andre Zeiten liegen kann, zu erheben im Stande sein. In diesem Sinn nehmen wir die Untersuchung neu auf, die auf ein zusammenfassendes Bild der in der Reformation streitenden Verfassungsprincipien und -Ziele ohnehin so ausdrücklich nie angelegt worden ist.

Drei reformatorische Hauptziele dürfen als wesentliche und allein charakteristische Momente der lutherischen Verfassungsentwicklung hingestellt werden, wenn man von vornherein den Zielbegriff in der nöthigen Weite nimmt, wonach factisch Hergestelltes sowol als bewußt und ausdrücklich Angestrebtes darin zusammengefaßt erscheint. Sie sind: das landesherrliche Kirchenregiment, die bischöfliche und klerikal-synodale Verfassung, und drittens die Principien und Versuche in Gemeindebildung und für Gemeindeselbständigkeit, resp. -Vertretung, die unter den Begriffen des Freiwilligkeits- und Gemeindeprincipes zusammengefaßt werden mögen.

Es liegt nahe die drei bekannten protestantischen Verfassungssysteme späterer Zeit als Parallele, wenn nicht als ferne princip- und systemmäßig ausgedrückte Nachwirkung jener drei Entwicklungsmomente in der Reformationszeit anzurufen. So wenig noch von reformatorischem Geist, ja nur von Verständniß dieser Entwicklungsanfänge in ihnen übrig ist, so sehr sie sämmtlich an künstlicher und willkührlicher Rechtsconstruction für ein an sich rein geschichtlich eingetretnes Factum — der Summepiskopat ist gemeint — kranken, und zum großen Theile mehr politische als kirchliche Voraussetzungen und soweit kirchliche Zeitzustände mehr kranke als gesunde wiederspiegeln: dennoch läßt sich eines jener drei Motive, welche in der Reformationszeit nebeneinander wirkten, als vorwirkendes oder doch charakteristisch bestimmendes Moment in ihnen aufweisen.

So weit das Territorialsystem des Thomasius von den Anschauungen und Motiven abweicht, durch welche die Reformatoren zur Uebertragung des Kirchenregiments auf den Landesherrn bewogen wurden, so gewinnt doch unzweifelhaft in ihm erst die Idee des fürstlichen Summepiskopates und der Territorialismus ihren vollen, resoluten und einseitig consequenten Ausdruck. Nicht minder bekannt ist, daß das sogen. Episkopalsystem, namentlich in seiner letzten, mehr theologischen Ausbildung durch Carpzov, die factische Regierungsgewalt in die Hand des Klerus und der Theologen legte, so wenig sein Name mit den Versuchen zu thun hat, einen evangelischen Episkopat herzustellen. Auch bei ihm galt ja Name und Interesse nur der Feststellung des Sinnes, in welchem dem Landesherrn die jura episcopalia und der Bischofstitel gebühre. Das sogen. Collegialsystem endlich spiegelt an sich nur die trübe Mischung des in Rationalismus und Pietismus getheilten, in Auflösung der Kirche als solcher zusammentreffenden Zeitalters. Socialpolitische Anschauungen, mit denen sich im Jahrhundert des contrat social die pietistischen Vorstellungen von der Kirche als einem Conglomerat von Conventikeln begegneten, bildeten den bestimmenden Hintergrund dieser demokratischen Kirchensocietät, wie für das Thomasiussche System die factischen Zeitzustände den fürstlichen Absolutismus als Folie darboten. Man bezeichnet das Episkopalsystem daneben geschickt als das aristokratische, obwol es unter den dreien das einzige ist, für das in der That nur kirchliche Motive und Zeitzustände die Unterlage bildeten, das einzige auch, dessen Ursprung einer Zeit angehört, in der die kirchlichen Interessen noch die allein dominierenden waren.¹ — Während das Episkopalsystem die Kirche neben dem Fürsten nur durch die Theologen actuell regiert und vertreten sah, beseitigte das Territorialsystem die Theologen nur im Interesse der Plenipotenz der Fürsten. Der Gemeinde als solcher wahrte keines von beiden Berechtigung und Vertretung. Erst das Pfaff'sche Collegialsystem versuchte dies, wenn schon ohne alle realen Consequenzen und in völliger Entstellung des Kirchen- und Gemeindebegriffs. Doch bleibt ihm dies als charakteristischer Werth, die Gemeinde und ihre Rechte, obenan aber was wir das Freiwilligkeitsprincip nennen, zuerst mehr zum Bewußtsein gebracht zu haben. Der Hinweis auf diese Systeme kann zugleich als eine vorläufige Bestätigung gelten, daß jene drei reformatorischen Verfassungsziele sich mit hervorstechenden und wesentlich allein in Betracht kommenden Charakteren und Typen kirchlicher Verfassung überhaupt berühren und decken.

Die Verfassungsfragen und -strebungen der Gegenwart bestätigen diese Thatsache. Der Gemeindevertretung in Presbyterien und Synoden gilt das hervorragende Interesse, wenn schon man sich dabei nicht verbergen kann, daß die Vorbilder dafür, soweit es überhaupt kirchliche und nicht nur politische sind, weniger in der lutherischen als in der reformirten Verfassungsentwicklung gegeben sind. Daneben fehlt es nicht an Vertretern des klerikalen Systems, wenn auch wol niemand mehr das Laienelement ganz von der synodalen Vertretung ausgeschlossen sehen will. Mehr vereinzelt nur geht man auch bis zur Forderung eines evangelischen Episkopates als ursprünglich von den Reformatoren angestrebter Verfassung vor.² Beide

---

¹) Die erste Namengebung für das viel später erst geschaffene System gehört eigentlich Melanchthon zu, der in einem Bedenken von 1537 (an jure divino Papa habeat utrumque gladium) schreibt: „Nec debet esse δημοκρατία, qua promiscue omnibus licentia vociferandi et movendi dogmata, sed ἀριστοκρατία sit, in qua, ordine hi, qui praesunt, Episcopi et Reges communicent consilia et eligant homines ad judicandum idoneos." Corpus Reform. ed. Bretschneider, III, 469.

²) Obenan: F. Haupt, Der Episkopat der deutschen Reformation ... Heft I. Frankfurt a. M. 1863. Heft II. ebend. 1866 — eine sehr fleißige Zusammenstellung der meisten einschlagenden Documente, deren Eindruck nur im Einzelnen durch eine oft unkritische Exegese, im Ganzen durch das unruhige Drängen zu praktischer Verwerthung Eintrag geschieht.

Richtungen aber finden sich durch den factischen Fortbestand des landesherrlichen Summepiskopates genöthigt, ihre Bestrebungen mit diesem dritten Moment reformatorischer Kirchenverfassung auseinanderzusetzen. Principiell von den wenigsten mehr zu rechtfertigen gewagt,[1] wird der Summepiskopat von jenen beiden Richtungen theils als ein unerträglicher Mißstand bestritten, theils als ein noch nicht zu beseitigendes Uebel geduldet und mit den andern Verfassungsformen zu vermitteln gesucht. Namentlich die Neugestaltungen, die das Jahr 1848 auch auf kirchlichem Gebiete hervorrief, noch mehr die Perspective, die damals auf Trennung von Staat und Kirche eröffnet wurde, regten die Fragen über eine völlige Umgestaltung des Kirchenregimentes durch Beseitigung oder wesentliche Beschränkung des landesherrlichen Summepiskopates an. Die Ansbacher Generalsynode vom J. 1849 bietet eine Fülle des interessantesten Materials für diese Frage.[2] Die veränderte Stellung des Fürsten im constitutionellen Verfassungsstaate drängte an sich schon zu einer Revision der Stellung des Landesherren der Kirche gegenüber, die sich unter so ganz andren Zeit- und Staatszuständen festgestellt hatte. Nach dieser Seite wird selbst die maßvollste Betrachtungsweise der Frage einer Kritik des Bestehenden sich nicht zu entziehen vermögen. Man kann sonst diejenige Anschauungsweise als die lutherisch-orthodoxe der Gegenwart bezeichnen, wonach das landesherrliche Kirchenregiment nicht nur als eine für die Entwicklung der lutherischen Kirche bisher und auch auf Weiteres noch unentbehrliche, sondern überhaupt als die ihr providentiell zugewiesne bezeichnet wird. Nur daß die altorthodoxe Begründung aus der Auctoritätsstellung der Obrigkeit in der Kirche, auf die man sich dabei zu berufen pflegt, nicht ohne Weiteres mehr auf die Verhältnisse des modernen Verfassungsstaates angewendet werden darf.

Jedenfalls stellt sich die wichtige Thatsache heraus, daß wie jene älteren Verfassungssysteme, so auch diese neueren Strebungen und Anschauungen sämmtlich sich genöthigt sehen, zunächst dem Summepiskopat als

---

[1]) Kraußold, das landesherrliche Summepiskopat nach reformator.-luther. Grundsätzen. Erlangen 1860.
[2]) Zeitschrift für Protestantismus und Kirche. Neue Folge. Bd. XVII. Erlangen 1849. S. 207 ff. (s. u.).

dem Fundament und Centrum des lutherischen Verfassungsgebäudes gegenüber Stellung zu nehmen, und was sie von selbständigen andren Momenten enthalten mit diesem zu vermitteln. Von Allem, was wir als Verfassungsziele in der Reformation auftauchen sehen, hat nur dieses einen bleibenden Bestand und centrale Wirkung erlangt. Darin liegt für die geschichtliche Untersuchung der unverkennbare Fingerzeig, dieses Moment auch bei der Betrachtung der reformatorischen Verfassungsentwicklung in die bestimmende Mitte zu verweisen. Obgleich der Zeit nach andre Verfassungsziele schon vor jenem, zum Theil nur vor jenem auftreten, sind die letzteren doch erst an zweiter und dritter Stelle, und jedes im Verhältniß zu jenem zu erörtern.

Dabei aber trifft man zugleich auf die fast überraschende Erscheinung, daß eben diese Institution, welche die festeste Dauer erlangte und nachmals geradezu die charakteristisch-lutherische wurde, unter allen dreien am wenigsten principiell von den Reformatoren angestrebt, sondern mehr nur als Nothbehelf ergriffen worden ist. Das Gemeindeprincip war ein neuer, eigentlich reformatorischer Gedanke. Die Versuche, den Episkopat als ein ehrwürdiges Institut altkirchlicher Tradition zu erhalten, waren ebenso getragen von Ideen reformatorischer Umgestaltung des Episkopates selbst. Als man aber — fast unvorbereitet — dazu griff, der landesherrlichen Gewalt das Kirchenregiment zu übertragen, und damit, wie es grade damals unvermeidlich war, das ganz neue Princip des Territorialismus zu sanctionieren, folgte man, mehr als damals bewußt empfunden wurde, dem Drang und Strom längst vorbereiteter politischer Umwälzungen. So ist's geschehen, daß alle Cautelen, mit denen man diesen entscheidungsvollen Schritt, nach der ersten Meinung der Reformatoren nur auf Zeit und als einen Versuch that, nicht verhindern konnten, daß sich diese Einrichtung als fester Baustein, man könnte sagen, als ein zusammenhaltender Eckstein, den damals eben sich feststellenden Fundamenten der modernen Staatsverhältnisse einfügte. Hier liegt der richtige Ausgangspunct für die geschichtliche Darstellung.

I.

Nicht die Reformation hat den Territorialismus geschaffen. Was sie vorfand, hat sie aufgenommen und durch ihr Eingehen darauf nur die vollständige Ausbildung einer lang vorbereiteten Zeiterscheinung vermitteln helfen. Zwei entscheidende Vorgänge in der mittelalterlichen Entwicklung der Kirche und der Staaten legten den Grund dazu. Der Sieg, den das Kaiserthum und die weltliche Macht überhaupt in dem Jahrhunderte langen Kampf gegen den Anspruch des Papstthums auf die Oberhoheit davontrug, war der erste entscheidende Schritt zu diesem Ende. In Innocenz III. und Friedrich II. von Hohenstaufen stehen in der Größe der Einzigkeit solcher historischer Momente die beiden Principien verkörpert einander gegenüber — „die Demiurgen des mittelalterlichen Kosmos", wie Gregorovius genial und wahr Papstthum und Kaiserthum des Mittelalters anschauen lehrt.[1] Die letzte große scheinbar vernichtende Niederlage des Kaiserthums zog die siegende Papstgewalt mit sich herab in das Grab, aus dem ein neues Princip, eine neue, total veränderte Weltanschauung auftauchte. Friedrich II. ward der erste Begründer moderner Staatsideen, so beschränkt und abgelegen das Gebiet war, auf dem er selbst anfing sie zu realisieren — Sicilien. In rohem Triumph riß Philipp der Schöne von Frankreich den Preis der vollendeten Thatsache an sich, den ihm die letzte, krampfhafte Steigerung der päpstlichen Ansprüche in Bonifacius VIII., sich selbst überbietend, in die Hände spielte. Aber nur durch Anrufung der Nationalität gelang dem Königthum der Sieg. Ein neuer Factor trat in die Schranken. Zum ersten Male nach dem frühen Vorgang Englands in der Ständeversammlung von Clarendon handelten die nationalen Stände, mit dem Königthum verbunden, entscheidend in kirchlichen Hoheitsfragen. Der Episkopat sanctionierte den Schritt als nationaler Stand, wie es grade in Frankreich seit der Karolinger Zeit vorbereitet war. Das Papstexil in Avignon stellte zuerst im Stil und Maßstab welthistorischer Dimensionen das neue Ziel dar: die Kirche im Dienst des Territorialismus. England gab die ausdrückliche Loosung dazu: „Petrus

---

[1] Gregorovius, Geschichte der Stadt Rom. V, S. 259 f.

kann nicht zugleich Constantin sein."[1] Die Zeit Constantins war wieder gekommen, — nach der Ueberlieferung der erste Fürst, der zugleich den Bischoftitel in Anspruch nahm.

Als Nationalitätsbewußtsein aber tritt zunächst das neue Princip auf, in Deutschland unter Ludwig dem Baier zu neuem Bewußtsein erwachend. Wilhelm von Occam, der erste unbedingte Vertheidiger der weltlichen Oberhoheit nach Dante, stand dem deutschen Kaiser als theologischer Interpret des Zeitbewußtseins zur Seite (seit 1328); während Marsilius von Padua († 1328) gleichzeitig der Prophet der letzten Consequenzen des Nationalitätsprincipes wurde: „der Volkssouveränität." Das plebejische Element erwarb sich durch den Gegensatz zur Hierarchie damals bekanntlich zuerst die Stelle eines Factors neben den aristokratischen Geschlechtern.

Man weiß was die Nationalitäten auf den großen Reformconcilien für eine Rolle spielten. Nach natürlicher Consequenz reichte in Opposition zum Curialsystem der Episkopalismus sich die Hand mit dem Nationalitätsprincip. Als Fingerzeig für zukünftige Entwicklungen von unverkennbarer Bedeutung. Nikolaus von Cusa, selbst ein hervorragendes geistliches Mitglied des Baseler Reformconcils, faßte die verschiednen Elemente in einem neuen System der Kirchen- und Reichstagsverfassung zusammen, nach welchem der Kaiser kraft seines Amtes im Reich zur Reformation der Kirche mitzuwirken berufen galt, während der Papst durch Wahl aus den Bischöfen, die die Nationalitäten vertraten, hervorgehen sollte. Sein Vorschlag, dem Kaiser eine jährliche Reichsversammlung mit den Rechten der Budgetverwaltung und ein Reichsgericht zur Seite zu stellen, zeigte zugleich der deutschen Verfassungsbewegung Weg und Ziel. Es begannen die letzten, edlen Kämpfe der deutschen Fürsten und Bischöfe um eine einheitliche Entwicklung der Nation am Ausgang des 15. Jahrhunderts. Maximilian stieg auf wie ein hoffnunggebendes Gestirn. Die Hoffnung täuschte. Der Zwiespalt zwischen den Fürsten und dem Kaiser wurde unversöhnlich. Auf dem Grab der Reichseinheit mit ihren idealen Hoffnungen etablierte sich selbstgenugsam die Territorialhoheit mit

---

[1] Ranke, Englische Geschichte I, S. 70.

den erſten Anfängen ſelbſtändiger Landesgeſetzgebung, mit den erſten Kriegszügen im Namen der Landeshoheit. Sachſen wurde nach dem Tode Bertholds von Mainz der politiſche Vorort. Der Reformations= drang, in ſeinen politiſchen Zielen getäuſcht, concentrierte ſich von da an auf die Kirche. Die Kirche ſelbſt aber fand ſich in Nationalitäten getheilt, an Territorialintereſſen gebunden. Die Univerſitäten repräſentierten allein noch die geiſtige Univerſalität und auch ſie in der Brechung der Natio= nalitäten. Es waren alles zuvor gegebne und vorgefundne Elemente: der akademiſche Doctorat als Wortführer, der nationale Schallboden, die territoriale Brechung — nicht Luther hat die Entwicklung in dieſe Bahn gezogen, noch die lutheriſche Reformation. Selbſt die organiſche Ausgeſtaltung iſt keine ausſchließliche Prärogative des Lutherthums. Zwei charakteriſtiſche Belege von andren Kirchengebieten genügen.

Der Vergleich mit Zwingli's Verfaſſungsthätigkeit hat in neueſter Zeit Anlaß gegeben zu den härteſten Urtheilen über den politiſchen Cha= rakter der lutheriſchen Kirchenverfaſſung. In ſchwer begreiflicher Partei= lichkeit verblendet ſich Hundeshagen[1] darüber, daß Zwingli den Züricher und allen Schweizer Cantonen, die Zürich gefolgt ſind, ein Staatskirchentum aufgebürdet hat, das an Vermiſchung geiſtlicher und weltlicher Rechts= und Machtſphäre ſeines Gleichen ſucht. Die idealtheo= kratiſche Staatsgemeinde als Unterlage hat Hundeshagen ſelbſt nachge= wieſen.[2] Daß aber hier die Gemeinde, und eben nur in politiſcher Vertre= tung, es iſt, welche als Inhaberin der Kirchengewalt erſcheint, brachte einfach die republikaniſche Staatsverfaſſung mit ſich. — Von Anfang bis zum Ende war Politik eine ſtarke Triebfeder für Zwinglis öffentliches Wirken. Zur Zeit als er im Gefühl der Erſchütterung ſeines Anſehens im Geh. Rath, deſſen Mitglied und Lenker er war, mit ſeinem Rücktritt drohte, hat er das Ziel ſeines Wirkens ſelbſt dahin bezeichnet: „er habe Zürich groß machen wollen". Die lutheriſchen Reformatoren widerſetzten ſich den politiſchen Plänen des Schmalkaldiſchen Fürſtenbundes bis aufs äußerſte; Zwingli gab ſich dazu her, weltumſtürzende Pläne ſeinerſeits den Fürſten

---

[1]) Beiträge zur Kirchenverfaſſungsgeſchichte und Kirchenpolitik insbeſondre des Proteſtantismus. 1. Band. Wiesbaden 1864.
[2]) Dove, Zeitſchr. Jahrg. III, 232 ff. 254 ff.

an die Hand zu geben. Das Religionsgespräch in Marburg, bei dem man nur Ursache zu Klagen über Luthers Eigensinn zu haben glaubt, an dem die Einigung der schweizerischen und der deutschen Reformation gescheitert sei: dieses Religionsgespräch hat Zwingli zu dem Versuch benutzt, Philipp von Hessen zu einem Bunde mit Frankreich und Venedig zu bewegen, um vereint mit ihnen den deutschen Kaiser zu stürzen. Im Fall des Gelingens sollte Philipp die Kaiserkrone zufallen.[1] Der schweizerische Reformator hatte sich dabei erboten, jene katholischen Mächte für diese Allianz zu gewinnen. Erst als ihm die Politik im Großen nicht gelang, zog er sich auf den andren Plan zurück, die Eidgenossenschaft politisch umzugestalten.[2] Damit verglichen, sind das Kinderstreiche, was etwa von einzelnen politisierenden Lutheranern zu erzählen ist. Luther selbst und seine reformatorischen Helfer unter den Theologen muß man gradezu unpolitisch nennen, im Sinne der Unzugänglichkeit für Benutzung politischer Gelegenheiten. Dies ist der eine Beweis.

Als der andre diene Heinrich VIII. von England. Wir schweigen hier billig von den Motiven zu seinem Bruch mit Rom. Der Summepiskopat des Fürsten in seiner reinsten, Alles was je in lutherischen Landeskirchen unter diesem Anspruch erreicht worden ist, überbietenden Darstellung interessiert uns allein. Die Parlamentsacte, welche die gerichtlichen Appellationen nach Rom aufhob, erkennt in England nur noch einen politischen Körper, unter „Einem obersten Haupt der geistlichen und weltlichen Unterthanen, dem einzigen Haupt der Kirche von England", wozu der Klerus als Gewissenserleichterung nur den schüchternen Zusatz wagte: „insoweit es nach Christi Gesetz erlaubt ist." Der König selbst nahm den Titel an: „oberstes Haupt auf Erden der Kirche von England unmittelbar unter Gott." Der Großsiegelbewahrer des Reiches verwaltete nun zugleich die Kirche als Generalvicar des Königs,

---

[1] Werke von Schuler und Schulthess. Zürich 1828 ff. Bd. VIII, 424 ff. 428. 431. 511. 534. 575. 585 al. Von Philipp konnte Zwingli schreiben: „apud illum possumus fere quidquid volumus." Vgl. auch Rommel, Philipp der Großmüthige I, 273; II, 251. Aus Zwingli's Briefen a. a. O. S. 426 u. 531 ersieht man, daß er sich selbständig mit Versprechungen engagiert hatte.

[2] Bullinger, Reform. Geschichte, herausgeg. von Hottinger u. Vögeli. Frauenfeld 1838. II, 344 ff.

wie sonst der Generalvicar des Papstes. Wenn ein unbequemer Handel mit seinem Beichtvater einst einem Würtembergischen Herzog als Nothbehelf das Wort in den Mund gab, daß er als Landesbischof selbst das Recht habe zu absolvieren: so sprach man in England öffentlich als Grundsatz aus, daß dem König auch die Sorge für die Seelen seiner Unterthanen zukomme, und nahm für das Parlament ein göttliches Recht in Anspruch, dahin zielende Verordnungen zu treffen. Die Anschauungen der Reformatoren und des orthodoxen Episkopalsystems von der Pflicht der Obrigkeit zum Schutz und zur Förderung der reinen Lehre in ihren Landen sind eher Einschränkungen der obrigkeitlichen Rechte, verglichen mit den Privilegien der weltlichen Suprematie über die Kirche, mit der Tyndals Theorie von dem Gehorsam gegen die Obrigkeit der Praxis Heinrichs vorarbeitete. Nur das ist anzumerken, daß Tyndals Theorie selbst deutschen Ursprungs war.[1]

Eine Ausgeburt der Zeitentwicklung war der Summepiskopat der Fürsten, — in England seit der Versammlung von Clarendon, durch die Charte, durch die antipäpstliche Bewegung unter Eduard III., unter Eduard IV. endlich durch die Kräftigung der weltlichen Gewalt der Krone nur sicherer vorbereitet, denn irgendwo anders. Als allgemeines Symptom aber ist er in den katholischen Territorien Deutschlands vor und nach 1555 ebenso gut zu beobachten wie in den lutherischen.

Mit unzweifelhaftem Rechte darf man daher dieser Verfassungsform jeden organischen und nativen Zusammenhang mit dem Princip des Lutherthums als solchem absprechen. Die ersten Anfänge, daß man factisch zu ihr einlenkte, beweisen dies ausdrücklich. Die Kirchenvisitationen, die man in den Territorien reformatorisch gesinnter Fürsten vornahm, bilden den Wendepunct. In ihrer Bedeutsamkeit für die Ablösung von dem Princip der Freiwilligkeit besprechen wir die Thatsache gleich unten. An sich selbst waren diese Visitationen bereits Ausdruck des anerkannten Princips. Das Visitationsrecht war von jeher bischöfliche Prärogative gewesen. Jetzt wurde es nicht nur im Namen des Fürsten ausgeübt: sondern mit der klaren Tendenz dadurch die Ueberleitung aller Territorial-

---

[1] Vgl. Ranke, Englische Geschichte I, 159 ff.

angehörigen in das neue reformatorische Kirchenwesen anzubahnen. Am naivsten faßt Luther die Vertauschung der Rollen zwischen Bischof und Fürst bei der Visitation in dem Bedenken, das er zum Behuf einer solchen im Meißnisch-Sächsischen, Anfang Juli 1539, gegeben.[1] „So ist das auch, der Vernunft nach zu reden, ja nicht zu verwerfen: weil zu der Zeit des Herzog Friedrich sel. der Bischof zu Meißen visitirt auch in der Kur zu Sachsen, daß wiederumb viel mehr der Bischof zu Meißen leide, daß **Christus durch seinen Landesfürsten Herzog Heinrich auch visitiren möge.** Denn so Herzog Friedrich den Wolf ließ visitiren zu Lochau und Torgau, so muß auch der Herzog Heinrich den rechten Hirten Christum lassen visitiren in allen Städten des Bischofs." Und vorher: „Weil S. F. G. Landesfürst, von Gott gesetzt, und Schutzherr ist, daher auch Gott schuldig ist, solche gräuliche, gotteslästerliche Abgötterey zu dämpfen (es ist von der katholischen Messe die Rede) ... wie die vorigen Könige Juda und Israel und hernach Constantinus, Theodosius, Gratianus."[2] —

Aber eben dies war nicht die Sprache des Anfangs gewesen. Der Umschwung, der seit dem ersten Versuch im Jahre 1528 eingetreten war und an dem Einfluß der Juristen in Meißnisch-Sachsen seinen Hauptstützpunct fand, kennzeichnet sich nicht nur in der bald erfolgenden gänzlichen Umstimmung Luthers,[3] sondern namentlich durch Aeußerungen wie die von Carlowitz, dem Rathgeber Moritz's von Sachsen, gegen den Kanzler Brück: „Er habe aus Erfahrung gelernt, daß man wegen der Reformation mit den Bischöfen und der Geistlichkeit (nur der Römischen?) nichts ausrichten werde. Die Laien müßten die Reformation machen" — das hieß, die Fürsten und die Juristen.[4]

Ganz anders standen die Sachen am Anfang, als das erste folgenreiche Wort fiel von einem den Fürsten viel mehr anzuvertrauenden als

---

[1] De Wette, Briefe und Bedenken Luthers V, 191 f.
[2] Vgl. auch den Ergänzungsband von Seidemann VI, p. 229.
[3] Vgl. die Briefe bei d. W. an Pfarrer in Meißnisch-Sachsen aus dem letzten Jahrzehnt, in denen Luther kein Ausdruck des Abscheus gegen das „Centaurenregiment" stark genug ist.
[4] A. Menzel, Neuere Geschichte der Deutschen I, 301.

an sich zustehenden Bischofsamt. Damals waren die Theologen die ausschließlich einflußreichen Wortführer. Zwar bezeichnet das Visitationsbuch Melanchthons von 1528 insofern auch schon einen bedeutsamen Umschwung der Verhältnisse, als es mit unverkennbarer Tendenz einer überwiegend polemisch-doctrinären Richtung in der bisherigen reformatorischen Bewegung entgegentritt zu Gunsten eines schonend und langsam vorschreitenden pädagogischen Aufbau's der Gemeinden. Es genügt an ein Paar Sätze des Eingangs zu erinnern, um die Bedeutung dieser Schrift zu charakterisieren. „Nu befinden wir an der Lehr (nämlich im eignen Lager) fürnehmlich diesen seyl (Fehl), das wiewol etliche vom Glauben, dadurch wir gerecht werden sollen, predigen, doch nicht gnugsam angezeigt wird, wie man zu dem Glauben kommen solt und fast alle ein Stück Christlicher Lere veber lassen, on welches niemand verstehen mag, was Glauben ist odder heißet. Denn Christus spricht, Luce am letzten capitel. Das man predigen sol nun seynem namen, Buße vnd vergebung der sunden. — Aber viel itzund sagen allein von vergebung der sunde, vnd sagen nichts odder wenig von Buße.... folget, das die leut ... werden dadurch sicher vnd forchtlos. Welchs denn größer irrthumb vnd sunde ist, denn aller irrthumb für dieser zeit gewesen sind. Vnd fürwar zu besorgen ist, ... daß das letzte erger werde, denn das erste.... Die itzigen prediger schelten den Bapst, er hab viel zusatz zu der schrifft gethan. Als denn leyder allzu war ist. Diese aber, so die Buße nicht predigen, reißen ein gros stück von der schrifft. Vnd sagen die weil von fleisch essen u. dergl. geringen stücken.... Was ist aber das anders, denn ... ein fliegen seygen und ein cameel verschlingen"? „Aus und nach dem Glauben," — heißt es weiter charakteristisch genug — „müsse die Buße folgen". Deshalb wird dann die Predigt der zehn Gebote, Uebung des Gebetes und der Zucht, der Segen der Trübsal u. s. w. eingeschärft. Nicht nur Gegner wie der Coadjutor des Oestreich. Bisthums Neustadt, Johann Faber, früher mit Melanchthon, Zwingli u. A. in freundlichem Verkehr, damals lange schon! wieder eifriger Katholik, bemerkten den veränderten Ton;[1]

---

[1] Er hatte nach einem Briefe Melanchthons an Camerarius dem ersteren ge-

sondern was Luther selbst durchgefühlt, ergibt sein Brief an den Kurfürst (D. W. III, 201): .. „es mir Alles fast wohl gefället, weil es für den Pöbel aufs einfältigst ist gestellet. Daß aber die widerwärtigen möchten rühmen, wir kröchen zurück, ist nicht groß zu achten." Der Protest, den die Lehre von Buße und Gesetz bei dem Lutheraner Agrikola hervorrief, ist bekannt.

Thatsache ist, daß von dieser Zeit an Melanchthon in allen Fragen um Kirchenordnung und dahin einschlagende Gutachten und Bedenken vor Luther begrüßt zu werden pflegt und eine prävalierende Stellung einnimmt. Doch ist von irgend welcher eigentlichen Uneinigkeit nicht zu reden. Man verstand, bedurfte und ergänzte einander gegenseitig; Melanchthon namentlich Luthern nach Seite des Sinnes für Bewahrung historischer Tradition und der pädagogisch-conservierenden Bedeutung eines in diesem Sinne versuchten Umbaues der Verfassung. Er befürwortet daher, wie unten zu zeigen, am eifrigsten die Erhaltung der alten bischöflichen Verfassung. Wie noth es aber that, daß grade dabei Luther dem schwächeren, zu Concessionen geneigten Freund zur Seite stand, beweisen die Transactionen Melanchthons mit den Römischen auf dem Augsburger Reichstag von 1530. Im Principe eins mit ihm,[1] wie wir sehen werden, erkannte Luther mit dem größeren Tact der Unmittelbarkeit, daß die Wiederherstellung der alten bischöflichen Diöcesangewalt in der dort proponierten Form, eine Falle war, das befreite Evangelium wieder unter den päpstlichen Zwang zu bringen. Der Unterschied des beiderseitigen Standes zu der Frage zeigt sich am klarsten in den Schmalkaldischen Artikeln und dem Anhang von Melanchthon, besonders in des letzten Bemerkung bei seiner Unterschrift. Die Artikel selbst, aus Luthers Feder, drücken den schärfsten Gegensatz gegen den Papst aus; auch Melanchthon ist sich, wie er an Just. Jonas schreibt, bewußt in dem Anhang de potestate et primatu papae „asperius" als er gewohnt, aufgetreten zu sein. Seine Unterschrift aber lautete, damals Vielen zum Anstoß: „Ich

---

schrieben, er sei: ἐπιεικέστερος in libello inspectionis ecclesiarum und schiene zu wanken (labescere). Vgl. Corp. Ref. I, 998.

[1]) 1530 schreibt Melanchthon davon: „semper ita sensit Lutherus". C. Ref. II, 341.

Phil. M. halt diese obgestalte Artikel auch für recht und Christlich, vom Bapst aber halt ich, so er das Evangelium wollte zulassen, daß jm, umb friedens und gemeiner einigkeit willen derjenigen Christen, so auch unter jm sind, und künfftig sein möchten, seine Superiorität ober die Bischove, die er sonst hat jure humano, auch von uns zuzulassen sey."[1]

Wir haben damit schon vorausgegriffen. Aber zum rechten Verständniß, in welchem Sinn und wiefern nur als zeitweilige Aushilfe man Anfangs die Fürsten zur Uebung bischöflicher Function aufrief, sind diese Voraussetzungen unerläßlich. Halten wir mit ihnen nun die Documente zusammen, in welchen der erste Ausdruck über das Nothbistum der Fürsten vorliegt.

Luther hatte bereits 1525 — es war der Gedenktag seines Thesenanschlags vor 8 Jahren — (D. W. III, 38 ff.) bei dem Kurfürsten Johann die Nothwendigkeit einer Visitation angeregt.[2] Die energischere Persönlichkeit des neuen Fürsten begünstigte ein entschlosseneres Vorgehen. Durch die Beendigung des Bauernkrieges in der blutigen Entscheidungsschlacht bei Frankenhausen (15. Mai 1525), zehn Tage nach Friedrichs des Weisen Tode, hatten die Fürsten freiere Hand gewonnen. Sofort nach dem Regierungswechsel schaffte Luther, was bisher nicht möglich gewesen war, die letzten Reste des alten Meßcultus in der Stiftskirche ab, und schon am 14. Mai folgte ein erster Act factischer Abrogation der bischöflichen Gerichtsbarkeit durch die Ordination eines Predigers für Wittenberg (Menzel a. a. O. I, 115). Folgenreich auch insofern als nun eine neue Quelle geschaffen war für die Versorgung des Predigtamtes, statt der bisher allein betonten Gemeindewahl (s. u.). Der Kurfürst selbst trat schon vor seiner Rückkehr aus Thüringen unmittelbar als Ordner kirchlicher Angelegenheiten auf und kündigte der in Weimar versammelten Priesterschaft an, sie habe nur allein noch das Evangelium zu predigen und die Ceremonien demgemäß zu halten (C. Ref. II, 240). Wie der Jurist Stephani, der erste Vertreter des Episkopalsystems, später das Fürstenrecht auf den Reichstagsabschied zu Speyer von 1526 gründete, daß „jeder Stand in Sachen so das Edict zu Worms belangen

---

[1]) Vgl. Köllner, Symbolik I, 447 ff.
[2]) Vgl. auch schon a. a. O. p. 31.

möchten, für sich also leben, regieren und es halten solle, wie er es gegen Gott und Kaiserliche Majestät zu verantworten sich getraue," — so vereinigten sich damals die einzelnen Fürsten ausdrücklich zu einem gemeinsamen Verfahren auf dieser Basis.[1]

Die Erstickung des Bauernaufstandes durch die Waffengewalt der Fürsten hatte zwar bei den Theologen die Wirkung, im Allgemeinen wieder vor Vermischung der weltlichen und geistlichen Macht zu warnen. Hatte doch Luther schon 1523, als sich die Domherren zu Wittenberg auf des Kurfürsten Anordnung über die Beibehaltung des Meßcultus beriefen, das freimüthig kühne Wort gesprochen: „Ich rede itzund mit eurem Gewissen: was geht uns der Kurfürst in solchen Sachen an" (D. W. II, 355). Auch sonst hielt er allzeit an dem Grundsatz fest: „Wo weltliche Obrigkeit sich vermisset der Seele Gesetz zu geben, da greift sie Gott in sein Regiment" (WW. X, 452 ff.). Gegen Ende des Bauernkrieges aber ruft er den Fürsten zu: „Oberkeit soll nicht wehren, was jedermann lehren und gläuben will, es sey Evangelium oder Lügen; ist genug daß sie Aufruhr und Unfried zu lehren wehre" (WW. XVI, 64).[2] So konnte es nicht ausbleiben, daß auch um das Recht der Fürsten zur Visitation bei einzelnen von den Theologen Zweifelfragen laut wurden. Spalatin hatte gegen Luther das Bedenken ausgesprochen, „daß Fürsten nur in äußren Dingen jus imperii hätten und niemand zum Glauben gezwungen werden dürfe. Die Sache (die Visitation ist gemeint) sei auch ohne Beispiel." Luther verwies darauf, daß es die Gegner, in deren Namen er rede, nicht anders machten. „Oeffentliche Lästerungen Gottes und Greuel hätten grade die Fürsten Pflicht zu unterdrücken" (D. W. III, 50). Wieweit er indeß selber Anfangs noch die freie Entscheidung der

---

[1]) Vgl. den Vertrag von Sitzkirchen vom 11. Juni 1528, ein um so wichtigeres Actenstück, als der Kurfürst von Mainz in demselben mit Bezugnahme auf den Speyerschen Abschied den Kurfürsten von Sachsen und den Landgraf von Hessen in der ihm selbst eigentlich zustehenden geistlichen „Jurisdiction" zu belassen verspricht. Vgl. Kopp, von dem geistl. und civil. Gerichte in Hessen I, 107 f. bei Rommel, Philipp der Großmüth. II, 116 u. Hassenkamp, Hess. Kirchen-Gesch. I, 126.

[2]) Vgl. über den Einfluß des Bauernkrieges auf das Urtheil der Reformatoren Richter, Gesch. der evangel. Kirchenverfass. S. 18 f. Rudelbach, über Staatskirchenthum u. Religionsfreih. in der Ztschr. f. luth. Theol. u. Kirche. 1850. S. 218 f.

2*

Einzelnen zu ehren und zu dulden bereit war, werden wir später finden. Bald aber trat ein andrer Grundsatz entscheidend in den Vordergrund: „An Einem Ort soll auch einerlei Predigt gehen;" das Gegentheil führe zu Zwiespalt, Rotterei und Aufruhr. (So im Februar 1526 D. W. III, 88 ff.) In Nürnberg war man zuerst nach diesem Grundsatz verfahren, und Brenz hatte in seiner Kirchenordnung von 1526 das Recht der christlichen Obrigkeit dazu umfänglicher begründet.[1] Luther motiviert es weiter noch aus der Vormundschaftspflicht für die Jugend sowie aus den Pflichten, die dem Fürsten der überkommne Besitz der geistlichen Güter und Stifte auferlege (D. W. III, 135 ff.).

Damit war denn allerdings das Princip des Territorialismus rund ausgesprochen: cujus regio illius religio. Die Praxis entsprach dem, wie die Instruction an die Visitatoren bezeugt. Priester, die im Glauben nicht evangelisch befunden würden: „Denen sol gesagt werdenn, Sich furderlich aus vnnsern Lannden zu wennden mit der verwarnung, wo sie darüber betretten wurden, das sie mit ernst solten gestraft werdenn." Bei schwereren Fällen sollte der Landesverweisung auch noch besondre Strafe vorhergehen. „Item dergleichen Inquisition, sol vonn den Visitatoren der Layenn halben auch geschehn... Vnd sollen Dieselbigenn, so der Sacrament halbenn oder sunst Inn glauben Irrthumbs verdechtig, furgefordert befragt, auch so es die noth erhaischet, kundtschaft wider sie gehört werdenn." Hilft dann der Unterricht, der bei ihnen eintreten soll, nicht zu andrer Ueberzeugung, so soll ihnen der Amtmann gebieten: „Inwendig einer namhafftigenn Zeith, Zuvorkeuffen vnnd sich aus vnnsern landen zuwenden" — mit derselben Verwarnung wie oben. Solcher Praxis gegenüber nimmt sich dann freilich die erneute Versicherung: „wie wol vnnser meinung nit ist Iemandts zu vorpieden, was er haltenn oder glauben sol" aus wie helle Ironie.[2] Wie die Sachen lagen, durfte in Sachsen einmal niemand anders glauben als der Kurfürst und die Reformatoren. Von Luther hören wir keine Einsprache mehr; er fordert selbst: „seriam executionem" (D. W. IV, 301), und nur dem Hofe gegenüber wahrt er die Selbständigkeit der Visitatoren und die Geltung

---

[1] Richter, evangel. Kirchen-Ordnungen I, 40 ff.
[2] Richter, evangel. Kirchenordn. I, 79 f.

ihrer Anordnungen (a. a. O. 352 f.). Uebrigens war er später gerecht genug, denen zu widerstreben, die den Römischen Ständen gewehrt wissen wollten, gleicher Art mit ihren evangelisch gesinnten Unterthanen zu verfahren.¹ — Zu dem Territorialprincip bekannte man sich in strengster Form. Es war allgemeine Anschauung der Zeit und wurde als das jus reformandi der Fürsten sanctionirt.

Wie aber stand es nun mit dem Bischofstitel dafür? Die Documente belegen es unwidersprechlich, daß er nur als ein Nothbehelf beliebt wurde, bei dem ausdrücklich nicht nur der Unterschied der Amtssphären geistlicher und weltlicher Gewalt, sondern sogar auch für die Zukunft die Möglichkeit gewahrt wurde, ein eigentlich bischöfliches Regiment an die Stelle treten zu lassen. Allerdings aber war so vorher geleistet, was eine evangelisch-bischöfliche Verfassung gewiß nicht vermocht hätte, rein und in sich einige evangelische Gebiete herzustellen. Uebrigens waren Fürsten wie Johann von Sachsen und Philipp von Hessen auch ohne Rath und Belehrung der Theologen von der höheren Pflicht solcher Handlungsweise durchdrungen. Die Visitation in Hessen hatte schon früher, 1526 zuerst durch Geistliche allein, 1527 durch gemischte Commissionen, stattgefunden. Als ein Interimisticum sah man auch hier ausdrücklich die landesherrliche Vermittlung an; aber weil man an eine Wiederherstellung der Bischöfe dort gar nicht dachte, geschah es vielmehr mit Vorbehalt der Rechte für das künftig von der Gemeindebasis aus vollständig herzustellende Kirchenregiment.²

Ein erstes Document für unsre Frage ist ein Brief Luthers an den Kurfürsten, bei dessen Datierung man zwischen 1527 und Anfang 1528 schwankt. Dort fordert Luther den Kurfürsten zu einem letzten Versuch auf, den Bischof Johann von Meißen selbst zur Uebernahme einer Visi-

---

¹) D. W. IV, 373 vgl. Ranke, Deutsche Geschichte im Zeitalter der Reformation III, 433.

²) Vgl. Hassenkamp a. a. O. I, 110 ff. Lamberts Kirchenordnungsvorschlag, Reformatio Hassica, wurde Seitens des Landgrafen ausdrücklich gebilligt, obgleich er die Fürstenmacht überhaupt beschränkte, namentlich aber ihren Antheil bei der Visitation nur für interimistisch erklärte. Ebendas. S. 102 u. 107. Auch die Anordnungen äußren Zwanges traten in Hessen mehr zurück, weil in Lamberts Kirchenordnung ein ausscheidendes Kirchenzuchtverfahren in Aussicht genommen war (s. u.).

tation seines Sprengels im evangelischen Sinne zu bewegen (D. W. III, 315 f.). Wenn nämlich, wie man vorhersehen konnte, dies abgelehnt wurde, so sollte damit die Berechtigung erwiesen gelten, daß der Fürst selbst dafür Sorge trüge. Es liegt auf der Hand, daß damit schon der Fürst nur wie ein Nothbischof dargestellt erschien. Dies nun aber spricht Luthers Vorrede zu dem Unterricht der Visitatoren ausdrücklich aus.[1] Nachdem Eingangs von dem hohen Werthe des Bischofsamtes als eines „Besuche amts", wie es seit der Apostel Zeiten mit großem Segen geübt und nur später in die ärgerlichste Verkehrung gerathen sei, gehandelt wird, fährt die Vorrede fort: „Demnach . . . hätten wir auch daßelbige recht Bischoflich vnd Besucheampt, als auffs höheste von nöten, gerne wider angericht gesehen, aber weil vnser keiner dazu beruffen odder gewißen befelh hatte . . . hat sichs keiner für dem andern thüren (dürfen) vnterwinden. Da haben wir des gewißen wollen spielen, vnd zur liebe ampt (welches allen Christen gemein vnd geboten) vns gehalten vnd demütiglich mit bitten angelangt den durchlauchtigsten, . . . Herren Johans, Herzog zu Sachssen . . . . als den landesfürsten, vnd vnser gewiße weltliche öberkeit von Gott verordenet". Darauf folgt zunächst die Bitte, daß er bestimmte Personen zur Visitation verordnen wolle, wonach diese selbst fast als die Träger des Bischofsamts, nur im Auftrag des Fürsten, erscheinen.

Weiter unten aber zeigt sich klar, daß der letzte selbst es ist, der als Träger des Amts der Liebe, wie es oben heißt, gilt. „Denn obwol S. C. F. G. zu leren und geistlich zu regiren nicht befohlen ist, So sind sie doch schüldig, als weltliche öberkeit, darob zu halten, das nicht zwitracht, rotten vnd auffrhur sich vnter den vnterthanen erheben, wie auch der Kaiser Constantinus die bischoue gen Nicea foddert . . . vnd hielt sie zu eintrechtiger lere vnd glauben". — Die Verwahrung für die Zukunft aber spricht Luther in der Anrede an die „frume vnd fridsame Pfarher" aus, die der Visitation unterstanden, daß sie „sich williglich . . . nach der liebe art, solcher visitation vnterwerffen, vnd sampt vns derselbigen fridlich geleben bis das Gott der heilige geist, **bessers,**

---

[1] Richter a. a. O. S. 83.

durch sie odder durch uns anfahe". Diesen Schluß muß man mit der bescheidnen obigen Erklärung zusammenhalten über das, was sie wünschten und daß sich bisher nur keiner vor dem andren unberufen zu solchem Amt hätte aufwerfen wollen.

Ob es das Amt der Obrigkeit war, was definitiv entschied und wieweit vielmehr zugleich die in den geeigneten Personen dargebotnen göttlichen Mittel, ist eine Frage, die wir unten wieder aufzunehmen haben. Zweifellos müssen folgende allgemeine Schlußfolgerungen über den Sinn, in dem man auf diese Verfassungsform einging, und die Würdigung der letztren selbst entscheiden und gelten. 1. Zeitverhältnisse und eine Entwicklung, die durchaus mit innren Wesensforderungen und -Bedürfnissen der Kirche an sich nichts zu thun hatten, sind die erste und entscheidende Ursache, daß der Territorialismus allgemein zur Herrschaft kam. 2. Das System des Territorialismus, auf das wir als Thatsache die Reformatoren allerdings unbedenklich eingehen sehen, widerstrebt als Princip dem Geist des Christenthums und der von den Reformatoren selbst principiell vertretnen Idee der Unsichtbarkeit der Kirche, respective ihrer Wesentlichkeit als Gemeinde der Gläubigen. Auch die äußerlich erkennbaren Normen und Grenzen der rechten Lehre und stiftungsgemäßen Verwaltung der Sacramente sind keine geographischen. 3. Dagegen ist die Uebertragung eines bischöflichen Rechtstitels auf die Fürsten in einer Form geschehen, die Alles weniger gestattete, als was später geschah, nämlich ein Rechtssystem daraus zu machen mit Ableitung aus der wesentlichen Stellung der weltlichen Obrigkeit zur Kirche, oder aus positiv staatsrechtlichen Gründen.

Das Factum war eben, daß in eine Rechtsform, legitimiert durch Continuität, überging, was anfangs als ein den Zeitbedürfnissen entsprechender Nothbehelf gemeint war. Von größter Bedeutung dafür war, nächst dem Augsburger Religionsfrieden, der westphälische Friedensschluß, weil vorgefundne Verhältnisse in beiden Tractaten die Bedeutung und Anerkennung der Basis rechtlich gesetzlicher Verhältnisse erhielten, wozu noch das 17. Jahrhundert seine Vorstellungen von Fürstensouveränität und die Umsetzung kirchlicher in weltliche, resp. staatliche Interessen fügte.

Entstanden im Zusammenhang mit der Visitation blieben eine Zeit lang die Visitatoren die unmittelbar ausübenden Organe dieser fürstlich-bischöflichen Gewalt. Das interessanteste Document dafür stammt aus Moritz's Zeit. In der Landesordnung von 1543 heißt es unter der Rubrik vom bischöflichen Amt: „Haben wir die beiden Bischöfe von Meißen und Merseburg durch etliche (Stände) treu und fleißig erinnern lassen; weil sie aber dazu nicht zu vermögen, werden wir verursachet, etzlichen Prälaten aufzulegen das bischöfliche Amt in unsren Landen mit Visitation" u. s w.[1] Dann traten die Consistorien an die Stelle der Visitatoren, im alten Kursachsen seit 1538 resp. 1542. Auch unter Moritz löste sich schon 1543 das Consistorium mit dem Visitatorenamte ab.[2] Braunschweig, Mecklenburg, andre folgten. Wir werden sehen, wie dieser Schöpfung der Zeit, die allerdings ganz aus dem ersten Zugeständniß an die Fürsten floß, alle andren selbständigen Schöpfungen lutherischer Kirchenverfassung nach und nach erlagen. Dennoch geschah die erste Einrichtung der Consistorien viel mehr instinctiv, als daß von Anfang herein die Vorstellung des nachmaligen Rechtssystems gewaltet hätte von der doppelten Person im Fürsten, deren bischöfliche Seite sich im Consistorium auswirke. Ursprünglich gingen sie aus den Ehegerichten, die erst ganz in weltlichen Händen waren,[3] und aus der oberen Instanzstellung hervor, welche der Hof zu den Visitatoren einnahm.[4] Anfangs hatte man sogar nur einen juristischen Commissar beantragt, der im Auftrag des Fürsten die obere Instanz verwalten sollte, eine Art Minister in evangelicis.[5] Der Eindruck, daß sich diese Sachen, namentlich die Eheangelegenheiten, „zu Hoff doch nitt bequemlich abwarten" und „ann

---

[1] Vgl. Codex Augusteus p. 18 und v. Langenn, Moritz v. Sachsen II, 113.

[2] Vgl. Hasse, Kirchengesch. von Meißnisch-Sachsen II, 42.

[3] Vgl. Richter, Kirchenordnungen I, 81, a.

[4] Vgl. Richter a. a. O. 81, a mit 94 f.: „die Sache weiter an den Hof zu berichten." Doch ergibt sich aus D. W. III, 406, daß dies gleich nur als interimistisches Verfahren angesehen wurde: „donec statuatur certa forma." Luther selbst hielt noch nach Aufrichtung der Consistorien an dem Recht des Visitatorenamtes fest D. W. V, 329.

[5] Ranke a. a. O. V, 437.

geburlich proceß und ordentlich Registration mit außrichten" ließen,[1] die Visitatoren auch nicht immer beisammen und vielfach anders beschäftigt seien, ward als Motiv für Aufrichtung einer selbständigen Behörde angeführt. Justus Jonas arbeitete das außerordentlich interessante Bedenken der Consistorien halber 1537 im Namen der Wittenberger Theologen aus, das die Musterform für die Nachfolge bildete, eine Hauptquelle für Einsicht in die factischen Kirchenzustände jener Zeit, nachdem 1532 die zweite Visitation bereits gehalten worden war.[2]

So war damit das ursprünglich angestrebte „Besuchsamt", für das man vorher auch schon Superintendenten als ständige Organe dem Visitatorenamt substituiert hatte, in eine collegialische Behörde verwandelt worden, mit überwiegend richterlicher Function, wie denn Proceß, „Strafe" und der „Kerker" beim Consistorium eine große Rolle in Jonas' Gutachten spielen. Zwar war die Aufgabe persönlicher Visitation dabei nicht übersehen; vielmehr sollte bei jedem der vier Sächsischen Consistorien ein „Commissar" sein, dem diese Function eigentlich obliege (a. a. O. S. 87 ff.); aber grade dieses Moment blieb, so viel mir bekannt, nur Vorschlag und statt desselben traten künftig die Superintendenten als Unterorgane in den einzelnen Diöcesen ein.

Das ist der Punct, an den die Vorschläge anknüpfen, die sich theils vorher, theils lange noch in der Folgezeit immer wiederholen, concentriert in dem Gedanken der Wiederherstellung eines in seiner Kirchengewalt von den evangelischen Fürsten unabhängigen selbständigen Bischofamtes — die zweite Grundform der Seitens der Reformatoren in Aussicht genommnen Verfassungsmaßnahmen.

II.

Die Reformation mußte naturgemäß in unmittelbarsten Collisionen mit dem Episkopat der alten Kirche zusammenstoßen, sobald man zu Maßregeln neuer Organisation greifen wollte. Schon daß letztres so zögernd geschah, hing nicht nur mit dem mehr theoretischen Charakter der

---

[1] Richter, Gesch. der evangel. Kirchenverf. S. 83 f. vgl. S. 90.
[2] Richter a. a. O. S. 82 ff.

ersten großen Grundfragen, vielmehr obenan mit der Hoffnung zusammen, daß auch von den Würdenträgern der Kirche Deutschlands wenigstens Einzelne in den Kampf mit eintreten würden, der sich mit der älteren Nationalbewegung mannigfach berührte. War doch in den deutschen Verfassungskämpfen gegen den Mißbrauch der kaiserlichen Gewalt in der Wende des Jahrhunderts der thatkräftige Berthold von Mainz der Vorkämpfer und Vertreter aller nationalen Bestrebungen gewesen. In Magdeburg hatte bis 1513 ein jüngrer Bruder Friedrichs des Weisen und Johann des Beständigen den erzbischöflichen Stuhl inne. Ein längres Regiment desselben hätte leicht zu einem andren Gang der deutschen Reformation führen können. Sein Nachfolger Albrecht aus dem Brandenburg'schen Hause vereinigte die erzbischöfliche Würde von Magdeburg und Mainz in seiner Hand. An ihn waren alle Verhandlungen mit dem deutschen Episkopat zu oberst gewiesen. Sein Verkehr mit Männern wie Erasmus und der zeitweilige Aufenthalt Capito's bei ihm konnten gerechte Hoffnungen auf Verständniß der reformatorischen Bewegung erwecken.[1] Früher hatte sich Luther direct an ihn adressiert, in der Sorge daß man den Gewissensprotest des Reformators mit politischen Interessen seines Fürsten verwechseln möchte. „Bene sciebam — haec non ad principes laicos sed episcopos primum referenda" schreibt er 1518.[2] Ebenso klar urtheilte er später, daß die Bischöfe selbst erst dem Evangelio zufallen würden, wenn sie ihr (weltliches) Regiment aufzugeben sich entschließen könnten (1521).[3] Luthers heldenhafter Fehdebrief an den Erzbischof, aus seiner „Wüsteney" auf der Wartburg erlassen, ist bekannt; ebenso die über alle Erwartung zahme Antwort des Cardinals.[4] Luther schreibt an Capito, wenn dieses Antwortschreiben aufrichtig gemeint sei, wolle man sich ihm unterwerfen. „Agnoscat verbum modo, et servos nos praestabimus." Noch forderte Luther damals als Zeichen der Auf-

---

[1] Vgl. D. W. I, 396. 400.
[2] D. W. I, 186 vgl. S. 76 u. 92. Vgl. die Briefe an Albrecht S. 67 und an den Bischof von Brandenburg als Ordinarius der Erzdiöcese S. 112 ff. Vgl. auch 401 f. den Brief an den Bischof von Merseburg.
[3] D. W. II, 111.
[4] BW. XIX, 661 vgl. D. W. II, 112 ff. u. 124.

richtigkeit, daß er auf seine Cardinalwürde verzichte und statt der unübersehbaren Diöcese eine Parochie übernähme, in der den Amtspflichten zu genügen die Möglichkeit gegeben wäre.[1] Je mehr die Bewegung einen revolutionären Charakter annahm, änderte sich auch Luthers Position. Aus dem Jahre 1525 stammt das bedeutsame Bekenntniß Luthers an den Erzbischof: „O Herr Gott, hättet ihr Bischof und Fürsten beyzeit selbs darzugethan, dem Evangelio Raum zu geben, und was offentlich Gräuel ist, angefangen zu ändern: wie fein still wäre das durch ordentliche Oberkeit und Gewalt geordnet und ausgericht"... Seine Forderung aber war nun vielmehr darauf gerichtet, daß die geistlichen Fürsten ihre Herrschaft in eine weltliche verwandeln möchten. „Es ist verloren, der geistlich Stand kann nit bleiben, vielweniger wieder zu Ehren kommen. Gott hat ihnn angegriffen; er muß herunter"... Luther konnte sich auf das Beispiel des Deutschordensmeisters Albrecht berufen — näher besehen, freilich ein schlechtes Beispiel. Schulden halber, wegen der Albrecht in keinem Winkel Deutschlands vor seinen Gläubigern sicher war, ward aus dem Ordensmeister ein Herzog. Während er gegen den Papst die Wittenberger verläugnete und Gehorsam heuchelte, spielte er daheim den Reformator.[2] Nur dadurch, daß der wahrhaft evangelische Bischof Georg von Polenz die geistliche Leitung dort in die Hand nahm, gewann die Sache einen beßren Gang, und eine ganz neue Perspective eröffnete sich mit der folgenreichen Thatsache, daß zum ersten Male ein Bischof selbst seine Diöcese im evangelischen Sinn reformierte. Eine frühere Forderung Luthers erfüllte Polenz insoweit, als er seine weltliche Herrschaft niederlegte, „weil es nach christlicher Ordnung und evangelischer Freiheit einem Bischof nicht gebühre, so viel Herrlichkeit zu haben". Dafür begrüßte ihn Luther mit Frohlocken als den berechtigten Reformator seiner bischöflichen Diöcese.[3] Der Bischof von Pomesanien, Erhardt von Queiß, folgte seinem Beispiel, und der Ausgang einer Kir-

---

[1] D. W. II, 131 f.
[2] Vgl. D. W. II, 673 ff. und über Albrecht von Preußen: Voigt, Geschichte Preußens IX, 640 ff. 733 ff. und Georg von Polenz von Georg von Polenz. Halle 1858 S. 43 ff.
[3] Vgl. D. W. II, 474 u. 647 ff.

chenordnung im Namen der selbständigen geistlichen Obergewalt war das bedeutsame Resultat dieser überraschend glücklichen Wendung.[1]

Wenn Luther 1521 dem Erzbischof von Mainz die Niederlegung seiner hierarchischen Würde als Bedingung aufrichtigen reformatorischen Vorgehens ansinnt, so ist nicht zu übersehen, daß dies im Verhältniß dieses Stuhles zu der römischen Curie begründet war. Anders hatte er die Sache beurtheilt, als es sich um Böhmen handelte, wo man von calixtinischer Seite einen nationalen Archiepiskopat, in Unabhängigkeit von der römischen Curie, begehrte. In seiner Schrift an den christlichen Adel deutscher Nation von 1520 fordert Luther, daß der Papst sich seiner Obrigkeit äußre und nach altkirchlichem Brauch „den Böhmen zulasse, einen Erzbischof zu Prag aus ihnen selbst zu erwählen". Er hegt davon keine geringern Hoffnungen als daß dieser „mit der Zeit den Haufen wieder zusammen brächte in einträchtiger Lehre". — „Wäre nur wieder ein ordentlicher Bischof und Regiment darinnen, ohne römische Tyranney, ich hoffe, es sollte schier besser werden".[2] — Eben darauf kommt Luther in dem Sendschreiben an die Prager von 1523 zurück, bekanntlich eine der Hauptquellen der reformatorischen Lehre vom Amte, als einem von und aus der Einzelgemeinde, kraft ihres allgemeinen Priesterthums, bestellten Dienste am Worte und den Sacramenten. Das Zusammentreffen der Anerkennung eines bischöflichen Amtes als Ordnungs- und Regimentsamt über dem des einzelnen Gemeindedienstes mit jener Theorie macht diese Schrift um so bedeutsamer. Am Ende derselben faßt er die besondre Lage Böhmens ins Auge und räth, daß zunächst die einzelnen Gemeinden, die dafür reif sind, für sich mit Herstellung des Amtes durch Gemeindewahl und -Weihe vorgehen und dann erst der Landtag die Sache in die Hand nehme, damit es wenn möglich allgemein giltige Form werde. Hierauf könnten die auf diese

---

[1] Vgl. die Kirchenordnung von 1526 bei Richter a. a. O. I, 28 ff. Noch im Jahre 1568 folgte ihr die sogen. „Bischofswahl", in der Seitens der Fürsten die Erhaltung beider Bisthümer für „allezeit" zugesagt wurde, entworfen von den Bischöfen selbst. Vgl. Richter II, 298 ff. und Nicolovius, die bischöfliche Würde in Preußens evangelischer Kirche. S. 208 ff.

[2] WW. X, 375. 377.

Weise erwählten Bischöfe (verstehe: „Geistlichen") „wollten sie ja mit einander übereinkommen, einen oder mehr aus ihnen (zu) erwählen, die die Obersten unter ihnen wären, das ist, die ihnen dieneten und sie besucheten, wie Petrus auch die Kirchen besuchte, als wir im Buch von der Apostelgeschichte lesen: so lang bis hintennach ganz Böhmerland wieder komme zu ihrem rechten und evangelischen Erzbisthum: nicht welches viel Rente und Gülte, Land und Leute unter ihm hätte; sondern das reich wäre in vielen Aemtern und Besuchungen der Kirchen".[1] Das war die Kehrseite zu jener Position Albrecht von Mainz gegenüber.

Man wird wohl zu beachten haben, daß sich Luther nicht weiter darüber ausspricht, ob, wenn dergleichen allgemeine Ordnungsform hergerichtet, auch dann noch die Bestellung des Pfarramtes in der Weise wie bei der ersten Herstellung durch Gemeindewahl und =Weihe zu geschehen habe, oder ob diese dann durch den Lehrstand und den Patronat, wenn auch jedenfalls nicht ohne Mitwirkung der Gemeinde, zu vermitteln sei. Die Antwort darauf wird uns später werden. Aber solche ganz andre Voraussetzungen, theils in der reformatorischen Ansicht von der Sache, theils auch schon in Thatsachen, wie in dem Auftreten eines evangelischen Episkopates Preußens, lagen vor, als man 1528 zu der Auskunft griff, den Bischofstitel auf die Fürsten zu übertragen, kraft dessen ihre Beauftragten überall das Pfarramt ordneten.

Mit doppeltem Interesse wendet man sich der nächsten Folgezeit zu. Welches Princip wird sich als mächtiger erweisen und wodurch hat das gesiegt, was, recht betrachtet, gar nicht als Princip, sondern als praktische Maßnahme und ausdrücklich für einen Nothbehelf erklärt dazwischentrat. Es gab eine Zeit, wo die allgemeinen Weltzustände der Hoffnung auf einen deutsch=evangelischen Episkopat verbunden mit der alten Richtung auf Nationalkirchen überraschend günstig sich gestalteten. Zerfallen mit dem Papst und der deutschen Reichsstände gegen Frankreich noch mehr bedürftig als gegen die Türken, gewährte Karl V. 1541 eine Declaration, in der zwar das Verbot erneuert wurde, Klöster und Stifte zu

---

[1] WW. X, 1869 f.

zerstören, aber zugleich ausdrücklich die Erlaubniß ertheilt war, die Stifte oder Bistümer „zu chriſtlicher Reformation" anzuhalten. Eine Erlaubniß, auf die sich nachmals der Erzbischof von Cöln bei dem weittragenden Unternehmen sein ganzes Erzbistum für evangelisch zu erklären und ihm eine dem entsprechende Kirchenordnung zu geben, geradezu berief.¹ Zunächſt floß daraus der Vertrag mit Joachim II. von Brandenburg, der so für seine neue Kirchenordnung, die, obwol stark noch katholisierend doch auf die evangelische Reformation seines Landes abzweckte, die ausdrückliche Bestätigung des Kaisers erlangte² und wenigſtens den einen seiner landsässigen Bischöfe, den von Brandenburg, zur ſanctionierenden Theilnahme an dem Reformationswerk des Landes vermochte.³ Der Kaiser war einem Nationalconcil nicht abgeneigt, je mehr der Papſt mit dem verheißnen allgemeinen zögerte und je weniger Aussicht war, daß auf einem von der Curie berufnen und beeinflußten Concile die Reformation des römischen Hofes selbst mit in Frage genommen werden würde. Als nächste Form wurde freilich mehr nur ein Reichstag ins Auge gefaßt, wo man aber doch von beiden Seiten Entwürfe zu einer christlichen Reformation einbringen sollte.⁴ Die sogenannte Wittenberger Reformationsformel ward zu diesem Zweck entworfen und ist bekanntlich eines der Hauptdocumente für den Plan, Bistümer mit evangelischer Praxis wiederherzuſtellen. Johann Friedrich sah in seinen oft phantastischen Plänen schon 1537 ein freies deutsches Nationalconcil in Augsburg tagen, dem vom Papst projectierten gegenübergestellt, von Luther mit seinen Nebenbischöfen ausgeschrieben, aus Bischöfen, Theologen, Predigern und Juristen zuſammengesetzt und gastweise auch wol aus England und Frankreich beſchickt.⁵ Als bei dem Besuch des Nuntius Vergerio in Wittenberg Luther mit Bugenhagen in Gala Auffahrt hielt, scherzte er wol selbst auch: „Da fahren der deutsche Papst und sein Cardinalis Pomeranus." In Wahr-

---

¹) Ranke, a. a. O. IV. S. 223 u. 362.

²) v. Mühler, Geschichte der Kirchenverfaſſung in der Mark Brandenburg. Weimar 1846 S. 49 f.

³) Vgl. Richter KO. I, 323 ff. Corp. Ref. III, 790 und Ranke, Geschichte der Päpste I. S. 313.

⁴) Ranke, deutsche Gesch. IV, 306 f.

⁵) Vgl. Corp. Ref. III, 139 ff. bef. 143. Ranke, a. a. O. IV, 97.

heit aber war in beiden Häuptern der Reformation so wenig von ehr=
geizigen Gelüsten nach hierarchischen Würden zu spüren, daß darüber
selbst das Gewünschte und von ihnen als Bestes Empfohlene zu keiner
gedeihlichen Ausführung kam. War einer berufen ein Oberhirtenamt
dieser Art zu übernehmen, so wars Bugenhagen, genannt Pomeranus,
der durch ganz Deutschland und über seine Grenzen hinaus die neuen
evangelischen Kirchen ordnete. Als es sich aber darum handelte, das 1544
durch den Tod eines alten Gegners erledigte Bistum Cammin in heil=
samer Weise geistlich zu besetzen und man zu diesem Behufe Bugenhagen
von allen Seiten bestürmte, zum Besten seiner heimischen Kirche den
Stuhl einzunehmen, dessen Rechte er selbst vorbehalten hatte in der Kir=
chenordnung von 1535 — einer der großartigsten im Stil altkirchlicher
Traditionen gehaltnen Verfassung,[1] so widerstand Bugenhagen allen
Bitten so beharrlich, daß darüber die Gelegenheit verloren ging dieses
Bistum für die evangelische Kirche zu annectieren.[2] Das Gutachten, das
die Wittenberger Theologen in dieser Angelegenheit abgaben, vom
30. Mai 1544, gehört zu den interessantesten Documenten der episkopalen
lutherischen Strebungen.[3]

Im Jahre 1541 kam das Bistum Naumburg=Zeiz zur Erledigung.
Also grade auch in jener günstigen Epoche. Der Kaiser unterstützte zwar
in diesem Fall die Wahl des katholisch gebliebnen Capitels, die auf Pflug
gefallen war, um die frühere Reichsunmittelbarkeit des Bistums geltend
zu machen, in einem unzweideutigen Drohbriefe. Johann Friedrich aber
benutzte nicht minder das sächsische Schutzverhältniß, in das Naumburg
wie Meißen und Merseburg in jüngrer Zeit gekommen waren, um seiner=
seits die günstige Gelegenheit sich nicht entschlüpfen zu lassen. Bei den
Verhandlungen über die geeignete Person verrathen sich die Gründe der
Abneigung Seitens der Theologen schon klarer. Man wagte es schließlich
— gegen den Rath Brücks und auch gegen die anfängliche Meinung der

---

[1] Richter, KO. I, 248 f.

[2] Erst in der Zeit des Interim wurde es noch einmal und in katholischem In=
teresse besetzt, 1555 von den Fürsten übernommen. Vgl. (v. Medem), Geschichte der
Einführung der evangel. Lehre im Herzogthum Pommern. Greifsw. 1837 S. 50 ff.

[3] Corp. Ref. V, 402 ff.

Theologen — einen aus der Mitte der letztren, Nikolaus von Amsdorf, einzusetzen, der ebenfalls nur mit großem Widerstreben die bürdevolle Ehre übernahm und trug —; aber wie der Fürst den größten Theil der Revenüen an sich zog, so waren alle Parteien eigentlich von der Ueberzeugung durchdrungen, daß die Stifte, so wünschenswerth ihre Erhaltung für die Kirche sei, ein Raub der Fürsten werden würden und daher nur dadurch etwa zu fristen seien, daß man geeignete fürstliche Personen für die Bischofssitze fände. Für Amsdorf selbst galt sein armseliger Adel schon als ein Empfehlungsgrund. Die Wittenberger Theologen aber hatten sich ursprünglich über Georg von Anhalt vereinigt, der fürstliche Abstammung mit theologischer Tüchtigkeit vereinigte und später dem Prinzen August von Sachsen, als dieser 1544 zum Bischof von Merseburg erwählt wurde, als administrator in spiritualibus zur Seite trat.

Der gute Amsdorf fand bei seinem ihm zunächst untergebnen Stadtpfarrer Medler schon nicht die gewünschte Subordination; der Hof bestritt ihm das herkömmliche Attribut „von Gottes Gnaden" und betrieb die Organisation des Stiftes mit solcher Trägheit, daß Luther ihn nur durch fortgesetzte Trostbriefe ermuthigen, einmal wol auch selbst darin bestärken mußte, mit Niederlegung seines Amtes zu drohen.

Unmittelbar sehen wir diese principiell so beharrlich angestrebte, von den Verhältnissen zeitweilig begünstigte Form selbstständig kirchlichen Ausbaus in Conflict mit den fürstlich-territorialen Interessen treten. Es war auch dies geschichtlich vorbereitet. Das Magdeburger Erzbistum z. B. hatte bis in die Mitte des 15. Jahrhunderts Bischöfe aus allen Ständen und Classen des Volkes aufzuweisen gehabt. Von da an bestiegen nur noch Fürsten aus der Secundogenitur den Stuhl, und als das Erzbistum in der zweiten Hälfte des 16. Jahrhunderts Prinzen aus evangelischen Häusern zufiel, so erlosch eben der geistliche Charakter der Würde ganz. Es war lange vor seiner förmlichen Säcularisierung (1648) schon zu einem weltlichen Fürstentum geworden. In Cammin, von dem oben die Rede war, wollten die Pommerschen Herzöge einen Grafen von Eberstein, einen Knaben an Jahren, in die Pfründe bringen, eine Gelegenheit, welche die Reformatoren benutzten, um die eigentlichen großen Aufgaben eines christlichen Bischofs in Erinnerung zu bringen. In Schwerin war derselbe Vorgang nur durch glückliche Umstände zu Gunsten der Reformation ausgeschlagen. Der Herzog Magnus war als siebenjähriges Kind vom Capitel zum Bischof postuliert worden. Als er dann im 24. Jahre (1532) die päpstliche Bestätigung empfing, war er schon für den Anschluß an die Reformation entschieden, und grade dies, daß er nie die Bischofsweihe nahm, noch dem Papst den vorschriftsmäßigen Eid geleistet hatte, erleichterte das Gewissen bei der Benutzung seiner Rechte zur Reformation des Bistums. Er zog dabei ein ganz allmähliches Verfahren dem Rath Johann Friedrichs vor, entweder abzudanken oder mit Gewalt die Reformation der Diöcese durchzusetzen.¹

Eine anderweite Collision ergab sich aus der überall schon eingeleiteten Consistorialverfassung. Wir sahen die letztre in unmittelbarer Anlehnung an die fürstliche Territorialgewalt über die Kirche entstehen. Mit den Bestrebungen, die alte bischöfliche Verfassung in der evangelischen Kirche zu erneuern, mußte natürlich auch die Wiederherstellung der bischöflichen Consistorien wieder ins Auge gefaßt werden. Wir haben Documente von größter Bedeutung dafür, die auch bereits Aufschluß über die obige Frage geben, ob man die Bestellung des geistlichen Amtes auch für die hergestellten Ordnungszustände der Kirche, so wie Luther es anfangs vorgeschlagen, als rein durch Gemeindewahl zu leisten, anzusehen gewillt war. Dahin gehört obenan das Gutachten der Wittenberger Theologen über die Reformierung des Naumburger Stifts.² Alle Consistorialrechte und Functionen werden für dasselbe in Anspruch genommen, namentlich auch um nach dieser Seite die Lehrer an den Universitäten von Nebenaufgaben zu entlasten. Melanchthon weist nach, wie, was ursprünglich in diesen Stiften vereint gewesen, höhere Schule und geistliche Jurisdiction, durch Er-

---

¹) Vgl. Wiggers, Kirchengeschichte Mecklenburgs S. 100. 114. 119.
²) Vgl. Corp. Ref. IV, 683 ff. 697 ff. Der Adel sollte dabei von den Stiftsstellen nicht ausgeschlossen sein; aber auch an ihn die Forderungen entsprechender Gelehrsamkeit gestellt werden. Im Uebrigen wurde außer drei theologischen und sechs juristischen Doctoren wunderlicher Weise auch ein Doctor der Medicin vorgeschlagen. Die Wahl des Bischofs solle dann als „canonica electio" beim Capitel sein. Das letztre wird ausdrücklich auch in der Wittenberger Reformationsformel gefordert. Corp. Ref. V, 603. In Schleswig kam 1544 factisch so eine evangelische Bischofswahl zu Stande.

weitrung und Abzweigung des erstren Factors in den Universitäten, nur auf jenen reduciert worden; aber auch in dieser Gestalt zu erhalten und zu pflegen sei, um mehr nur daneben Raum auch zur Vereinigung von gelehrten Kräften zu bieten, für Privatstudien und als geistige Sammelpuncte.

In Preußen wurde noch in der sogen. „Bischofswahl" von 1568 die vollständige Jurisdiction den Bischöfen und sämmtliche Consistorialrechte gewahrt. Als Lehnsherr beruft zwar der Fürst die Pfarrer und präsentiert sie der Gemeinde; aber der Bischof hat sie nicht nur zu prüfen und zu weihen, sondern in Fällen der Differenz zwischen Gemeinde und Landesherrn fällt ihm sogar die Besetzung zu. Er versammelt ferner um sich die Pfarrer zu gemeinsamen Berathungen kirchlicher Angelegenheiten und überwacht mit ihnen gemeinsam die Durchführung der Kirchenordnung.[1]

In Pommern trat an die Stelle des bischöflichen Amtes das der Superintendenten, wie in Bugenhagens Kirchenordnung ausdrücklich vorgesehen war, für den Fall, daß der Episkopat nicht mitwirkend eintrete. Und der Hauptidee des evangelischen Bischof= als Besuchsamtes entsprach ja eben auch die Function der letztern. Den Pommerschen Superintendenten wird daher auch ausdrücklich das bischöfliche Amt beigelegt.[2] Während aber anderwärts mit Ausnahme Hessens, dessen Synodal- und Superintendentenverfassung der Pommerschen am verwandtesten war[3], das Superintendentenamt nur als Mittelinstanz unter dem Consistorium als territorialistischer Behörde galt, so hatte sich in Pommern ein Geist kirchlicher Selbständigkeit in den Synoden der Pfarrerschaft erhalten. Nachdem ursprünglich der Herzog selbst im J. 1541 solche Synoden angeordnet hatte, beschloß die Geistlichkeit 1543 selbständig alljährlich zusammenzukommen und „die Gewalt Synodos zu verschreiben" in ihrer Hand zu behalten, selbst ohne Zulassung eines fürstlichen Commissars. Vielmehr sollten dem Fürsten erst nachträglich „die Beschlüsse" zur Vollstreckung mitgetheilt werden.[4] Man begreift, daß dabei doch

---

[1] Richter II. 298 ff. vgl. I, 32 f.
[2] Balthasar, Urkunden zur Pommerschen Kirchenhistorie S. 192.
[3] Vgl. Heppe, Geschichte der Hess. Generalsynoden. 2 Bände. Kassel. 1847.
[4] Balthasar, a. a. O. S. 16.

ständige Collegien, denen die Verwaltung vertraut war, vermißt wurden. So kam es daneben auch dort zu Consistorien¹ mit der Erklärung des Herzogs für „das oberste Haupt nächst Christo in diesen Landen über die Kirche"², eine Fassung, die an Heinrich VIII. von England erinnern kann. Dabei macht sich doch immer noch ein wesentlicher Unterschied darin geltend, daß im Consistorium das geistliche Element überwog, sowie namentlich, daß der Superintendent der stehende Präses desselben war. Selbst in jener KO. von 1563, welche die Consistorien brachte, fehlt der Protest nicht gegen die Unterdrückung des kirchlichen Regiments und des Predigtamtes durch die weltliche Gewalt.³ Der volle Conflict brach erst aus, als der Pastor Kruse von Stralsund — wie es scheint aus eignen hierarchischen Gelüsten — alles Kirchenregiment als Abgötterei verwarf und Independentismus der Einzelgemeinde mit Gemeindeconsistorium forderte, Patronat, Gerichtsbarkeit und Ehesachen dagegen der weltlichen Obrigkeit zuwies.⁴ Er ist das charakteristischste Vorbild der neuen Diederich'schen Verfassungstheorie bei den separierten Lutheranern in Preußen. Seine Lehre wurde zwar 1583 verworfen; aber mit der Motivierung, daß dadurch „Amt und Gewalt der christlichen Obrigkeit" verletzt werde. Dieser fiel bald auch Alles allein zu. Seit 1593 hörten die allgemeinen Synoden auf und die Gewalt der Generalsuperintendenten ging an das fürstliche Consistorium über.⁵

Am tragischsten aber vollzog sich der Untergang des Episkopates in Preußen, wo es zuerst aufgetreten und nach Titel wie Function sich am längsten erhalten hatte. Auch hier wars der übermächtige Zug zur Consistorialverfassung, der diese wie alle andren Formen selbständiger Verfassungsbildung absorbierte, nach Richters trefflichem Nachweis in §. 9 seiner Geschichte evangelischer Kirchenverfassung. Freilich — muß man hinzusetzen — nachdem und indem der einseitig auf Lehrstreitigkeiten ge-

---

¹) Vgl. die KO. von 1563 bei Richter II, 229 ff.
²) Balthasar, a. a. O. S. 147. Mit dem Zusatz: „wie der löbliche Kaiser Constantinus seine Lande und Kirche regieret."
³) A. a. O. S. 232.
⁴) Vgl. Balthasar a. a. O. S. 371 ff. 393 ff.
⁵) Balthasar, jus pastorale I, 262. 541

richtete Geist der Theologen einen Thatbeweis für die persönliche Unfähigkeit der damaligen Träger zu geordneter Erbauung der Kirche gegeben hatte. Doch arbeitete dies dem territorialistischen Zug der Zeit nur in die Hände, der als eigentlich positiver Factor für dies Resultat gelten muß. Schon als Polenz 1550 starb, dem 1551 auch der Pomesaner Bischof im Tode folgte, zeigte sich die verdächtigste Saumseligkeit des Herzogs. Juristische Administratoren verwalteten das Amt. Der Fürst hatte alle Neigung es sogar einem Mediciner zu übertragen. Bis 1567 blieben trotz wiederholter Vorstellungen der Stände die Bistümer erledigt; da erhielt Mörlin Sameland, Venetus Pomesanien.[1] Die Wahl geschah — auch ein charakteristisches Zeichen — gemäß der KO. („Bischofswahl") durch die Stände, acht vom Adel, acht von den Städten.[2] Unter den Nachfolgern jener, Hesshusius und Wigand, brachen nun die ärgerlichen Lehrstreitigkeiten aus, die Hesshusius' Absetzung 1578 zur Folge hatten, während andrerseits der Sächsische Theologenconvent zu Herzberg Wigands Absetzung forderte. Das war auch des Herzogs Meinung gewesen; aber die Stände schützten das in Wigands Person allein noch vertretene Bischofsamt bis zu seinem Tode 1587. In demselben Jahre noch wurden zwei fürstliche Consistorien eingerichtet, bei denen es, trotz der Beschwerde über Unzulänglichkeit dieser Maßnahme, verblieb. Der Vorschlag aber dazu, wie zur Beseitigung der Bistümer war von den zur Abfassung der Concordienformel versammelten Theologen ausgegangen. Consistorien gewährten; so sagte man, größre Sicherung gegen Hierarchie; eine Wahrheit gewiß, aber auch ein Vergessen der lang vorher von Melanchthon ausgesprochnen Weissagung, daß in der Cäsareopapie der Kirche eine noch viel größre Tyrannei bevorstehe.[3] Der zweite Grund

---

[1] Arnold, Kirchengesch. Preußens, S. 330 ff.

[2] Auch bezüglich jener ersten Bischofswahl für Naumburg war der Modus vorgeschlagen, daß der Landesherr den Adel und die Räthe der Städte erfordern und ihnen eine tüchtige Person vorschlagen sollte, „denn auch vor Zeiten war die Wahl durch die Vornehmsten (!) von dem Volk und durch die Obrigkeit geschehen". Corp. Ref. IV, 698. Wie anders hatte Luther es den Böhmen vorgeschlagen!

[3] Im Jahr der Uebergabe der Augsburg. Confession schrieb bekanntlich Melanchthon an Camerarius in banger Ahnung: „Utinam, utinam possim non quidem dominationem confirmare, sed administrationem restituere episcoporum. Vi-

aber, den die Theologen angaben, hieß: „Consistorien seien wohlfeiler"!
Man glaubt gern, daß dieses Argument nicht aus dem eignen Herzen kam.¹
  Wesentlich anders ist auch der Gang in den scandinavischen Kirchen
nicht zu beurtheilen, obgleich in Dänemark und Norwegen der Bischofs=
titel mit gewissen Vorrechten und besonderer Weihe und in Schweden eine
vollständige bischöfliche Verfassung sich erhalten hat. Dabei liegt doch der
Schwerpunct des Regimentes im königl. Summepiskopat. In Dänemark
wurden bekanntlich von Christian IV. (1534) sämmtliche Bistümer zur
Krone geschlagen; was die Kirchenversammlung zu Odense 1537 und
Bugenhagens auf ihre Beschlüsse gegründete Kirchenordnung schuf, sind
Generalsuperintendenten mit dem Bischofstitel, denen der Stiftslehns=
mann als königlicher Beamter zur Seite die juristischen Functionen ver=
sieht. Die obere Instanz bilden zwar nicht Consistorien, aber nur weil,
besonders seit 1660, unmittelbar aus der Kanzlei regiert wurde, bis 1849
eine rein demokratische Verfassung an die Stelle trat. Ebenso ist in Nor=
wegen seit der dänischen Zeit die Kirche abhängiger vom Staate als in
Schweden; der Cultusminister ist die Instanz; der König ernennt sogar,
wie auch in Schweden, die Doctoren der Theologie. In Schweden ist der
Episkopat unzweifelhaft noch eine große Macht. Sie haben ihre selbstän=
digen Consistorien, halten Visitationen und Synoden in den Diöcesen,
haben entscheidenden Einfluß auf das Schulwesen. Dennoch gilt auch
dort der König als der oberste Regent der Kirche, die Kanzlei als oberste
Instanz; das ecclesiastik Departement, dem der Cultminister vorsteht.
Die seit Ende 1865 aufgehobene Mitgliedschaft der Prälaten im Reichsrath
diente nicht minder der Kirche zur bedenklichsten Verflechtung in die Staats=
angelegenheiten als zu ihrer würdigen Vertretung. — Der Sieg des fürst=
lichen Summepiskopates in der lutherischen Kirche zeigt sich am vollendet=
sten da, wo sich neben ihm die Formen angenähert im Leben erhalten

---

deo enim qualem simus habituri ecclesiam dissoluta πολιτείᾳ ecclesiastica.
Video postea multo intolerabiliorem futuram tyrannidem, quam
antea unquam fuit." Corp. Ref. II, 334 vgl. 328 u. 341.
  ¹) Vgl. Arnold, a. a. O. S. 451 ff. mit 348 ff. Der Entwurf für die Consi=
storien war übrigens schon 1584 gemacht worden. Richter II, 462 ff.

haben, für die er selbst nur als zeitweiliger Nothbehelf schüchtern einge-
bürgert wurde.

In dem „Exempel einen rechten Christlichen Bischof zu weihen, geschehen zu Naumburg 1540" — ein Document, das, als Normalform aufgestellt, den Höhepunct jener bischöflichen Strebungen vertritt, sofern die neue Kirche durch selbständige Weihe den Episkopat in ihrer Mitte wieder begründete — in dieser Schrift bezeichnet Luther gradezu den Fürsten als „Nothbischof", die Herstellung des organisch=kirchlichen Institutes nur wieder vermittelnd.[1] So bestimmt haben die Reformatoren die anfängliche Meinung festgehalten, mit der 1528 den Fürsten diese Function auf Zeit an= und aufgetragen wurde. Die Versuche zur Herstellung gingen — abgesehen von den Vorgängen in Preußen und anfangs in Schleswig — meist nur aus der Gunst jener Zeitverhältnisse von 1540 hervor, trugen in der Form der Herstellung mannigfach den Charakter der Zufälligkeit und der Vermischung kirchlicher und weltlicher Instanzen, erlagen auch sämmtlich dem stärkren Zug der Zeit zum Territorialismus. Aber um das Princip handelt es sich, das die Reformatoren vor= wie nachher gleich klar im Bewußtsein getragen, unabhängig von den bloß transactorischen Verhandlungen um Erhaltung der geschichtlich bestandenen deutschen Bistümer. Im J. 1532 schreibt Melanchthon in dem für Frankreich gegebnen Bedenken: „Et ut maxime nulli essent episcopi, tamen creari tales oporteret."[2] Der 28. Artikel der Augsburgischen Confession handelt von der Scheidung der geistlichen und weltlichen Gewalt, allerdings nicht im Blick auf eine drohende Vermischung derselben in der Hand der weltlichen Fürsten, sondern nach der Seite, daß diese Vermischung bei der bisherigen päpstlichen Hierarchie im Schwange war. Aber gilt es darum nicht als allgemeines Gesetz, von den Reformatoren vor= und nachher ebenso oft gegen den Mißbrauch der weltlichen Gewalt in kirchlichen Angelegenheiten geltend gemacht? Und in diesem selben Zusammenhange sprechen sich die Bekenntnisse selbst Jahre nachdem durch die Visitation jener Nothbehelf eingeleitet wurde, für die Wiederherstellung der selbständig kirchlichen, bischöflichen Jurisdiction aus. Vgl.

---
[1] WW. XVII, S. 155.
[2] Corp. Ref. II, 748.

neben Art. 28. (bes. n. 69.) Apologie Art. XIV (Müller S. 205 f.) und Schmalk. Artt. X. init. Von wahrhaft historischer Bedeutung ist die Verwahrung Melanchthons am Ende des 14. Art. der Apologie: „Porro hic iterum volumus testatum, nos libenter conservaturos esse ecclesiasticam et canonicam politiam, si modo episcopi desinant in nostras ecclesias saevire. Haec nostra voluntas et coram Deo et apud omnes gentes ad omnem posteritatem excusabit nos, ne nobis imputari possit, quod episcoporum auctoritas labefactatur" ... (Müller S. 206).

Der Beweis dürfte geführt sein, daß wir es auf diesem Punct nicht mit einzelnen, durch die Gunst der Umstände hervorgerufnen Vorgängen, nicht mit vereinzelten mehr zufälligen Aeußerungen zu thun haben, sondern mit principiellen Anschauungen der Reformatoren. Nie stellen sie das Interesse an einem bischöflichen Oberamt dem an dem Gemeindeamt des Pastorates gleich; besonders lehrreich und klar spricht sich nach dieser Seite die Reformatio Wittebergensis von 1545 aus. Dieses ist absolut nöthig, jenes nur heilsam und höchst wünschenswerth;[1] aber die Sonderung kirchlicher und weltlicher Gewalt fordern sie principiell. Eine Vergleichung der verschiednen Aussprüche ergibt auch eine durchsichtige Consequenz des Principes. Wie das Pfarramt an sich als Dienst aus der Gemeinde zu bestellen ist, so das obere Aufsichtsamt — und nur in dieser Form befürworten wesentlich die Reformatoren das Bischofsamt — aus der Pfarrerschaft selbst durch Wahl des Vertrauens.[2] Vereint mit der Synode der Geistlichkeit vertritt dieser Episkopat selbständig die Kirche, und ein ihm zur Seite stehendes Collegium (Consistorium) bestreitet mit ihm die Verwaltung.

Obgleich das orthodoxe Episkopalsystem den fürstlichen Summepiskopat statt eines klerikalen zur anerkannten Grundlage hat, so wird man doch nun leicht erkennen, wie seine Grundforderung, daß der Lehrstand eigentlich und actuell die Episcopalia zu führen habe, Ausdruck ist für eben jenes Princip, soweit es eben noch unter den factisch zur Geltung gekommnen Formen Ausdruck gewinnen konnte.

---

[1] Corp. Ref. V, 596 f.
[2] Vgl. oben die Vorschläge für Böhmen.

Die Zeit ist vorüber, wo der Summepiskopat sich als reine Fürsten=
herrschaft in der Kirche geltend machen konnte, wie in den drei vorange=
gangenen Jahrhunderten, besonders im siebzehnten und achtzehnten. Aber
ist damit auch die Gefahr beseitigt, daß Behörden=Büreaukratismus die
Kirche nicht ebenso factisch um zuständige Freiheiten als um das Bewußt=
sein und den Geist ihrer innern Freiheit bringen kann? Heppe in Mar=
burg wird nirgends als verdächtig auf Hierarchismus gelten und er ists,
der der hessischen Superintendentenverfassung gegenüber von Consisto=
rialverwaltung das Zeugniß gibt, das die Geschichte bestätigt, daß sie
unendlich segensreich gewirkt und der Kirche gewährt hat, was die ab=
stracte Persönlichkeit einer Collegialbehörde nie vermöge. „Die Autono=
mie der Superintendenten brachte in den Verkehr des kirchlichen Regi=
mentes mit den kirchlichen Untergebnen Herz und Seele ... und verhin=
derte das seelenlose und unselige Wesen einer sich mechanisch hinschleppen=
den Geschäftsverwaltung".[1] Nächstdem, daß manche andre alte und neue
Unart der Lutheraner nicht überwunden wurde, ist der Büreaukratismus
unzweifelhaft eine Hauptursache der Zerrüttung, der wir in der jüngsten
Vergangenheit grade auch die freie lutherische Kirche in Preußen erliegen sahen.

Die collegiale Verwaltung ists aber nicht allein, was bedroht. Man
wird ihrer nie ganz entbehren können, neben Synoden so wenig als ne=
ben persönlich episkopaler Leitung. Das Interesse liegt nur darin, daß
sie als das ausführende Moment neben dem der persönlichen Vertretung
steht. Die Vermischung der kirchlichen Interessen mit den staatlichen ist
von höherer Bedeutung. Da kommt das Cultusministerium und die
ständische Vertretung eines Verfassungsstaates in die mißliche Lage kirch=
liche Sonderinteressen wie eigne des Staates und des Landesherrn behan=
deln, bevorworten oder kränken zu sollen, und den politischen Parteige=
gensätzen selbst so den Anlaß zur religiösen Vertiefung und jener Verbitte=
rung darzubieten, die überall mit Recht erwacht, wo kirchliche Zwecke oder
Motive mit denen des öffentlichen und gemeinsamen Rechtslebens im
Staate verwirrt werden. Die Kirche aber ihrerseits muß nach Entwick=
lung und Verfassung sich an den Einfluß von Factoren und Interessen

---

[1] Vgl. oben a. a. O.

gebunden sehen, die ihr als solcher fremd sind und fremd bleiben sollen, grade deshalb auch, weil sie Bürger= und Unterthanentreue pflegen soll bei ihren Gliedern unter jeder Verfassungsform.

In den oben schon berührten Verhandlungen der bayrischen Generalsynode zu Ansbach von 1849 wird mit Recht das Hauptgewicht darauf gelegt, daß durch die constitutionelle Staatsverfassung der alte Charakter des Summepiskopats überhaupt alterirt sei. Nach alter Anschauung sollten die jura episcopalia von dem Fürsten durch eine selbständige kirchliche Behörde geübt werden; statt dessen ist der Landesherr durch die Verfassung gebunden, durch ein weltliches Ministerium zu regieren, das seinerseits wieder Ständekammern, die ohne alle Rücksicht auf kirchliche Aufgaben zusammengesetzt sind, verantwortlich ist. Bei der Aussicht, die das Jahr 1848 auf völlige Trennung von Staat und Kirche gewährte, nahm man nun Bedacht darauf, die Kirche unmittelbar, in ihren eignen Behörden und Synoden vertreten, mit dem Landesherrn in Verbindung zu setzen, soweit man noch, in weiser Rückhaltung, vor einem gänzlichen Aufgeben der alten lutherischen Tradition zurückscheute, den Fürsten mit der obersten Regierungsgewalt auch über die Kirche betraut zu sehen. Die Ansbacher Synode wenigstens hielt fest daran, daß der landesherrliche Summepiskopat nicht aufzugeben, sondern nur zu beschränken und seine Regierungsgewalt nur in neuer Form zu vermitteln sei. Als entscheidender Grundsatz aber galt auch ihr, daß das Verhältniß „in der bisherigen Weise unmöglich fortbestehen könne." „Die Unterordnung der obersten kirchlichen Behörde unter eine reine, den Volkskammern verantwortliche, von ihren zufälligen Majoritäten abhängige, Staatsbehörde in den Angelegenheiten der Kirche, diese Quelle der zahlreichsten Hemmungen und Störungen im Gang der Kirchenleitung, muß aufhören."[1]

Die Zeitschrift für Protestantismus u. Kirche (Bd. XVII. S. 196 ff.) hat aus jener Zeit ein höchst interessantes Brieffragment[2] des Mannes erhalten, dessen Rath= und Vorschläge auf der Synode auch die bestimmenden waren. Da finden sich zuerst und kurz zusammengefaßt die lei=

---

[1] Zeitschr. für Protest. u. Kirche. Bd. XVII. S. 237 vgl. 240 f.
[2] Der Brief ist von Höfling, wahrscheinlich an Ribbeck gerichtet.

tenden Grundsätze, nach denen man, unter Beibehaltung des Summepisko= pates, seinen Einfluß „unschädlich" zu machen und ihn dabei „zur Abwehr der kirchlichen Ochlokratie" benutzen zu können hoffte. „Wie, wenn die Analogie der constitutionellen Monarchie in Anwendung gebracht würde, das Consistorium unmittelbar in die Stellung eines verantwortlichen Ministeriums einträte und ihm gegenüber Generalsynoden unsren Land= ständen auf politischem Gebiet entsprächen? ... Das Consistorium würde zwar im Namen des Landesherrn, aber selbständig alle jura in sacra (nicht blos die vicaria, sondern auch die reservata) ausüben und hinsicht= lich dieser Ausübung der Generalsynode verantwortlich sein. Hinsichtlich der Gesetzgebung wäre dem Regimente, wie der Generalsynode, einerseits die Initiative, andrerseits das Veto einzuräumen ... In ähnlicher Weise, wie auf oberster Stufe Consistorium und Generalsynode, würden in den ein= zelnen Diöcesen Superintendent und Districtsynode, in den einzelnen Ge= meinden Pfarrer und Presbyterium zusammen und sich gegenüber stehen." —

Aber auch der andre Fall wird ins Auge gefaßt, daß das landesherr= liche Kirchenregiment ganz in Wegfall komme. Für diesen Fall wird vor= geschlagen, daß „auf oberster Stufe der Generalsynode gegenüber ein Generalsuperintendent mit oder ohne Consistorium oder ein Consistorium mit oder ohne Generalsuperintendent an der Spitze zu bestellen sei, wäh= rend es auf den niedren Stufen bleibt, wie beim ersten angegebnen Modus. Der Unterschied läge also eigentlich nur in dem Wegfallen des Namens und der Auctorität des Landesherrn (!)."

Jedenfalls wird — das ist das bedeutsamste Moment für unten noch zu besprechende Fragen — gefordert, daß der Generalsynode gegenüber eine Spitze, gleichviel ob in einem Bischof oder einem Consistorium, bestehe mit eigner Initiative und Veto, damit nicht eine dem Wesen der Kirche fremde Majoritätenherrschaft einreiße, welcher gegenüber Consistorium oder Bi= schof zum willenlosen Vollzugsorgane herabsinke. Der Generalsynode dage= gen wird die Wahl des Generalsuperintendenten aus drei von den Superin= tendenten vorgeschlagnen Candidaten — oder falls ein Consistorium ihm zur Seite zu stellen, die Wahl aus den Mitgliedern des letzteren gewahrt.

Die Beschlüsse der bez. Generalsynode bewegen sich der Hauptsache nach in derselben Richtung. Einstimmig beschloß man, daß die im sogenann=

ten Episkopate enthaltnen jura in sacra von einer selbständigen kirchlichen Oberbehörde ausgeübt werden sollten. Wogegen man in Rücksicht der jura circa sacra, für die nur schärfere Abgrenzung von jenen gefordert wurde, die Unterordnung der obersten Kirchenbehörde unter das Staatsministerium zugestand.[1] Für die jura in sacra nimmt das Oberconsistorium selbst die Stelle des leztren ein und handelt mit gleicher Verantwortlichkeit gegenüber der Generalsynode direct mit dem Landesherrn, „so daß die Entschließung nach den Anträgen der obersten Kirchenbehörde und in Uebereinstimmung mit denselben erfolge" (S. 242 f.). Nicht mit Unrecht wird in einem spätren Aufsatz derselben Zeitschrift, der eine umsichtige Kritik dieser Beschlüsse enthält, an diesem Puncte grade die praktische Unausführbarkeit der Vorschläge ohne Herabwürdigung des Landesherrn zu einem pur vollziehenden Organ nachgewiesen.[2] Auch alles odium, für das in den staatlichen Angelegenheiten das gekrönte Haupt in den verantwortlichen Ministern eine glückliche Deckung findet, würde nach dieser Verfassung auf kirchlicher Seite, unter glücklicher Deckung der Oberbehörde durch den Namen des Regenten, auf diesen allein fallen.

Eine Art Zwischenauskunft konnte darin gesucht werden, daß man, während sämmtliche übrige Kirchenbehörden durch den König nur nach Vorschlägen des Oberconsistoriums besetzt werden sollten, den Präsidenten des letzteren unmittelbar durch den König ernennen ließ. Aber auch damit wäre nur der doppelte Uebelstand gegeben gewesen, daß der Landesherr einerseits in dem Fall gewesen wäre, durch eine entsprechende Persönlichkeit das Gegengewicht der Selbständigkeit, mit dem die Kirche durch die gesammten übrigen Verfassungsformen gegen seine Auctorität gravitierte, auszugleichen zu suchen, und andrerseits der Präsident allein das eigentlich verantwortliche Organ hätte bilden müssen.

In Württemberg hat man später noch die Verhandlungen wieder aufgenommen, um ein gleiches Immediatverhältniß zwischen dem König als Landesbischof und der obersten Kirchenbehörde anzubahnen; aber ohne daß sich Formen hätten finden lassen, die eine solche Ausnahmestellung im modernen Staatsleben besser ermöglicht hätten, als die Vorschläge der

---

[1] A. a. O. S. 241 f.
[2] Band XVIII. S. 154 f.

Ansbacher Generalsynode, und daher ebenso erfolglos. Unter den Fürsten wars allein Friedrich Wilhelm IV. von Preußen, der die Bedeutung der Frage für die protestantische Kirche tief genug würdigte, um den Tag als einen der glücklichsten seiner Regierung zu bezeichnen, an dem er sich in den Stand gesetzt sehen würde, der Kirche die für die Fürsten ebenso drückende als unausführbare Vollmacht zurückzugeben.[1] Er achtete ihn nicht gekommen und wer möchte anders urtheilen; wer aber auch sich verbergen, daß unter den Formen des modernen Staatslebens als Mißverhältniß nur fühlbarer geworden ist, was der Natur der Sache nach als ein solches bezeichnet werden muß. Die Reformatoren sind jedenfalls von dem Vorwurf frei, es der lutherischen Kirche als ein obligatorisches auferlegt zu haben.

III.

Wir wenden uns sofort zu dem dritten Moment, das als reformatorisches Verfassungsziel bezeichnet werden darf: das Princip der Gemeindeselbständigkeit und der Freiwilligkeit persönlicher Entscheidung.

Es ist nicht leicht sich ein anschauliches, lebendiges Bild der Gemeindewirklichkeit in den lutherischen Kreisen zur Zeit der Reformation zu machen. Und fast ist's zu keiner Zeit anders in unsrer Kirche gewesen. Man kennt überwiegend nur die Theologen und die ecclesia repraesentata. Der Unterschied dieses Eindruckes von dem der reformierten Kirche in Frankreich, in der Schweiz, in Schottland ist unverkennbar. Es befremdet nur mehr, dieselbe Beobachtung schon in den Anfängen der Reformation zu machen, wo die Allgemeinheit, mit der die neue kirchliche Lebensbewegung das Volk ergriff, und der Nachdruck, mit dem man das Gemeindeprincip hervorstellte, so ganz anderes erwarten läßt. Aber jeder der nur versucht hat, von den Wittenberger Gemeindezuständen sich ein anschauliches Lebensbild zu verschaffen, wird wissen, welche Specialstudien das fordert, und wie mäßig die Resultate sind, die diese abwerfen. Die Gemeinde zu Jerusalem sieht man selbständig hervortreten, leben und handeln, und da waren's Apostelgrößen, an denen, sich aufrankend,

---

[1] Vgl. den Anhang.

dieses Leben geniessen sein will. In Wittenberg und den ersten lutherischen Gemeinden ragen die Theologen und Reformatoren meist als allein bekannte und uns vertraute Gestalten über den Gemeinden einsam und einzelnstehend hervor. Die Leitung durch den Doctorat und damit die Anlage auf eine Theologenkirche ist unverkennbar. Und doch — man darf es sicher sagen — so wäre es unmöglich geblieben, wenn der jungen Kirche Raum gegönnt worden wäre zu selbständig gemeindlicher Entwicklung auf der Basis der evangelischen Ueberzeugung statt auf der äußren Grundlage des blos territorialen Zusammenhangs. Die ursprüngliche Anlage und Luthers Grundanschauung zumal war das nicht. Dafür haben wir den Beweis zuletzt noch anzutreten.

Die Zeit der Visitation kennen wir als den Wendepunct. Spalatins Bedenken über das Verfahren war eine der letzten Aeußerungen eines instinctiven Bewußtseins, daß die Entwicklung auf andre Bahnen dränge. Luther selbst hegte in der Zeit der Vorbereitung der Visitation noch andre Grundsätze, als die des dann eintretenden resoluten Territorialismus. Ganz kurz nach jenem Briefe, in dem er Spalatins Bedenken zu entkräften suchte, schrieb er selbst an den Kurfürsten — unter dem 30. Novbr. 1525 —: „Weil E. K. F. G. gnädiglich begehrt mein bedenken, wie es sollt fürzunehmen seyn, gebe ich darauf meine unterthänige Meinung, daß E. K. F. G. alle Pfarren im ganzen Fürstenthum ließen besehen, und **wo** man fände, daß die Leute **wollten** evangelische Prediger haben, und der Pfar Gut nicht gnugsam wäre, sie zu unterhalten, daß als dann ... dieselbige Gemeine ... so viel jährlich reichen müßte" (D. W. III, 51).

Aehnlich ist das Verfahren, das Luther dem Grafen von Mansfeld ziemlich um dieselbe Zeit einzuhalten räth. Wenn die Widersacher nicht nachgeben wollten, sollte er ihnen die Stiftskirche überlassen und sich selbst an einem evangelischen Gottesdienst in seinem Schlosse, oder wo sonst er ein Recht habe ihn zu halten, genügen lassen. Ebenso solle er im übrigen Land diejenigen schützen, die seines Glaubens sind. „Wollen aber etliche derselben Unterthanen vom eignen Gewissen weichen, da kann Ew. Gnaden nicht dazu. Denn sie kann niemand zum Glauben treiben, noch dabey behalten ..." (D. W. III, 72).

Melanchthon geht so weit in einem Gutachten de jure reformandi vom Ende des J. 1525 zu fordern, daß Fürsten, die selbst die evangelische Ueberzeugung nicht theilten, solche Tyrannei nicht üben dürften, evangelische Prediger aus dem Lande zu treiben.¹ Ebenso wahrt er noch gegen Ende der Visitation nach einem früher allgemein beobachteten Grundsatz denen Freiheit und zuwartende Nachsicht, welche sich noch nicht entschließen können, beiderlei Gestalt im heil. Abendmahl zu nehmen — „non cogendos esse" lautet sein Gutachten vom 24. Febr. 1529.² Bekannter noch ist sein schönes Wort: „Neque enim in ecclesia haec tyrannis constituenda est, quod oporteret laicos assentiri et applaudere omnibus sine delectu, quae decreverint episcopi."

Der Anfangs des Jahres 1526 in den Vordergrund gestellte Gedanke, daß in Eines Fürsten Lande nur einerlei Predigt sein dürfe — wie vielerlei Predigt duldet doch der große Gott in seinem ganzen Erdenreiche! — bezeichnet zuerst ein andres Stadium, und doch gehen auch daneben her nachweisbar noch ganz andre Erwartungen und Vorstellungen Luthers. Man lernt sie am besten aus Luthers Briefen an Nikolaus Hausmann kennen. Dieser Mann eines milden Geistes und maßvollen Fortschrittes drängte dennoch Luther unablässig zu den nöthigen Vornahmen, durch welche eine feste Gemeindeordnung und eine christliche evangelische Zucht erzielt werden möchten, nachdem der alte Zwang gefallen. Seine schmerzlichen Erfahrungen in Zwickau legten ihm dies nahe. Luther hatte schon in seiner „deutschen Messe" oder Gottesdienstform von 1526, die er ebenfalls auf Hausmanns Bitten in Angriff genommen, darauf hingewiesen, daß nicht eher an eine durch die Gemeinde selbst geübte Disciplin gedacht werden könne, bis es gelungen, Gemeinden aus solchen herzustellen, „die mit Ernst Christen sein wollten." Eine Sache, wie er selbst gleich andeutet, für deren Erreichung freilich wenig Aussicht gegeben scheine. „Ich kan vnd mag nicht eyne solche gemeyne odder versammlung orden odder anrichten, denn ich habe noch nicht leute vnd personen dazu, so sehe ich auch nicht viel, die dazu dringen. Kompts

---

¹) Corp. Ref. I, 769.
²) A. a. O. S. 1039. Luther war schon länger für strengere Praxis in diesem Stück, vgl. D. W. III, 286.

aber, das ichs thun mus und dazu gedrungen werde, das ichs aus gutem
gewissen nicht lassen kan, so wil ich das meyne gerne dazu thun …"[1]

Diese Gelegenheit nun — das übersieht man allgemein bei der Beurtheilung dieses Punctes — sah Luther mit der Visitation gekommen. Denn nicht nur schrieb er am Anfang des Jahres 1527 mit Beziehung auf den vom Fürsten eifrig betriebnen Anfang des Visitationswerkes an Hausmann: „quod ubi factum fuerit, **tum** constitutis ecclesiis poterit usus excommunicationis praesumi" (D. W. III, 154); sondern mit noch deutlicherer Rückbeziehung auf jene früheren Aussprüche in der deutschen Messe am 29. März desselben Jahres: „Ihr wisset ja wohl, daß solche Strafe der Person gehöret nirgend hin denn unter die Sammlung der Christen. Nu habt ihr ja noch keine Sammlung verordnet, **wie wir hoffen, daß sie durch die Visitation soll angerichtet werden.**" Man soll, fährt er fort, niemand sonderlich strafen, sondern die Sünden gemeinhin, „bis sie (die mit Ernst christliche Zucht wollen) abgesondert und in die Sammlung kommen, da man ordentlicher Weise vermahnet, bittet und strafet" (a. a. O. 166 f.).

Ich habe anderwärts bereits darauf hingewiesen, daß diese allgemein unbeachteten Worte kirchenhistorische Bedeutung haben und ein Licht auf die anfänglichen Erwartungen Luthers von der Kirchenvisitation werfen, wie wir es nirgend anders her gewinnen können. Palmer hat seiner Zeit das damit entkräften zu können geglaubt, daß er bestreitet, Luther habe Organisationspläne über das sächsische Territorium hinaus gehabt. Daran denkt auch niemand dabei. Aber darauf kommt es an, ob Luther die Grenzen der neu zu constituirenden Kirche in Kursachsen identisch gesetzt hat mit den Landesgrenzen und dem Umfang der Ortsgemeinden; während aus jenen Worten unzweifelhaft die Erwartung erhellt, daß es eine Scheidung und Entscheidung unter den Einzelnen geben werde. Wie er oben einen Unterschied solcher Gemeinden statuierte, die evangelische Prediger begehrten von andren, so ist hier offenbar ein engrer Zusammenschluß solcher evangelisch Gesinnten ins Auge gefaßt, die sich durch den ernsten Willen, christliche Gemeindeordnungen aufzurichten,

---

[1] Vgl. Richter, KO. I, 36. 38.

aus den andren ausscheiden. Damit aber war das große Princip der Freiwilligkeit für Gemeindegründung ausgesprochen, gewiß der erste und oberste Grundsatz christlicher und evangelischer Freiheit — und dies an dem bedeutungsvollen Wendepunct, an dem die factischen Verhältnisse für den Sieg des Territorialismus entschieden. Wenn Luther aus der Visitation selbst später noch einmal an Spalatin schreibt: „In nostra visitatione in orbe Witenbergensi invenimus adhuc omnes pastores cum suis rusticis concordes,"[1] so darf man darin vielleicht eine letzte Spur davon entdecken, daß die Reformation der Gemeinden nicht ohne Frage nach ihrem eignen Sinn und Willen vor sich ging; doch lassen die Verhältnisse und der gleich folgende Zusatz in jenem Briefe: „sed segnes populos ad verbum et sacramentum" erkennen, wie wenig Werth auch solche Willigkeitserklärung haben mochte.

Es ist bekannt, welche beugenden Eindrücke die Visitatoren bei ihrem Geschäft empfingen. Ganz allgemein ist die Klage über den Geiz und die Abneigung der Gemeinden, etwas für die neu anzustellenden Pfarrer zu thun. Die neue Freiheit scheinen alle begehrt, aber nur als Freiheit von allen Lasten und Pflichten, auch vom Besuch der Gottesdienste selbst, verstanden zu haben. Denn ebenso allgemein wie jene ist die Klage über das mangelnde Verlangen nach Gottes Wort. Dabei fehlt es nicht an Anzeichen, daß der Hof willkührlich eingriff. Durch Gunst eines Schreibers bei Hof wurde ein Pfarrer installiert ohne Wissen und Willen der Visitatoren u. dergl.[2] Da mußten denn freilich Hoffnungen, wie jene obigen, ganz schwinden und das Maß der Forderung aufs niedrigste her-

---

[1]) 1528, den 11. Novbr. bei D. W. III, 400.
[2]) Corp. Ref. I, 1029 vgl. 944 f. vgl. D. W. III, 481. Die Klagen über Nachlässigkeit des Hofes: C. R. I, 981. 1012: „si non volunt constituere ecclesias brevi funditus interibit religio." Vgl. D. W. III, 298. Vgl. über die Verachtung der Predigt: Corp. R. 1017. 990. 981: „Nulli evangelium acerbius oderunt, quam qui volunt videri nostrarum esse partium." Vgl. D. W. III, 403. 424: „miserrima ubique facies Ecclesiarum, rusticis nihil discentibus, nihil orantibus, nihil agentibus nisi quod libertate abutuntur, non confitentes, non communicantes, ac si religione in totum liberi facti sint." Vgl. über die elenden Pastoren: 399, die Art der Predigten: C. Ref. I, 990 f. 995. Ein Uebelstand war auch, daß man genöthigt war, viele Gemeinden zu einer zusammenzuschlagen. — „O miserum statum ecclesiarum!" Ebenda 1012 f.

abgestimmt werden. Es wird auch begreiflicher, warum sich zuletzt die Theologen völlig in die einfache Durchführung des Territorialprincipes finden; um so mehr, als jene harten Maßregeln, die dabei in Aussicht genommen waren, bei der Unterwürfigkeit der Einen und der allgemeinen Neigung der Massen, die neuen Zustände, wenn auch aus noch so unlautren Gründen anzuerkennen, kaum viel in Anwendung gekommen zu sein scheinen. Das Factum ist erklärlich; aber der damit zugleich eingegangne Principwechsel deshalb nicht minder zu constatieren und zu beklagen. Je mehr seitdem das Territorialprincip zur Tradition für die lutherische Verfassungsentwicklung geworden, um so nachdrücklicher ist die Thatsache zu betonen, daß es nicht das ursprüngliche war. Das Princip der Freiwilligkeit ist grade damals von Luther ausdrücklich gewahrt worden.

Jene Aeußerung Luthers vom 29. März 1527 ist aber um so bedeutsamer, als Luther ganz kurz vorher der auf verwandten Anschauungen ruhende Vorschlag Lamberts von Avignon für die Reformation in Hessen vorgelegen war, für welchen selbst wieder Luthers deutsche Messe die Anregung gebildet hatte, wie Richter schon mit Recht behauptete.[1] Es war dem Landgraf darum zu thun gewesen, einen Modus zu finden und eine Ordnung ausarbeiten zu lassen, der man sich aller Orten anschlösse, gemäß früheren Beschlüssen der Fürsten über gleichförmige Reformation.[2] Luther hat in seinem Gutachten sich auch nicht mit dem Princip, sondern nur mit der Menge der Vorschriften, das hieß wol mit dem menschlich künstlichen Herstellungsversuch einer gläubigen Gemeinde, uneinverstanden erklärt.[3] Diese sogen. Reformatio Hassica ist freilich nicht zur Durchführung gekommen; aber als Document für die reformatorischen Anschauungen der Anfangszeit doch von großer Bedeutung.

Lambert geht auch von dem factischen Zustand der Gemeinden aus, und erkennt für nöthig, daß erst eine Zeit lang überall Evangelium gepredigt werde, „ut," wie er sich ausdrückt, „prius sit ecclesia Dei, quae

---

[1]) Geschichte der evangel. Kirchenverf. S. 36 f.
[2]) Hassenkamp a. a. O. I, 53 ff. vgl. 91.
[3]) Vgl. D. Wette-Seidemann VI, 80 f. mit Richter, a. a. O. S. 40 ff. Bemerkenswerth ist dabei, daß er auch dies bedachte: „etliche Stück müssen der Obrigkeit alleine bleiben."

fide in ipsum verbum constituitur, quam congregetur." Das ist die gemeinsame Grundanschauung mit der deutschen Messe. Der Modus aber, den er nun für die Aussonderung verorum fratrum a falsis vorschlägt, wäre in dieser Form gewiß nicht von Luther aufgestellt worden. Die Excommunication aller derer, die nicht erklären sich den göttlichen Gesetzen unterwerfen zu wollen, bildet die Unterlage für die Constituierung der aus den Uebrigen zusammenzusetzenden conventus. Die Mitglieder der letzteren werden namentlich verzeichnet und auch unter diesen wieder nach einer bestimmten Frist eine Ausscheidung derer, die sich nicht bewähren, vorgenommen. Entscheidung über Excommunication und Uebung derselben bleibt überhaupt eine Hauptfunction dieses Kreises, dem zugleich alle Rechte der Gemeindevertretung, Pfarrwahl und -Absetzung u. s. w. zustehen.[1]

Dieses Verfahren ist eher geeignet, die Schwierigkeit jeder Ausführung solcher Gemeindeconstituierungen ins Licht zu stellen. Darin liegt es, daß meistentheils, und von lutherischen Theologen obenan, der Gedanke in das Gebiet der pia desideria und unerfüllbaren Ideale verwiesen wird. Aber vor Allem wird man sich klar machen müssen, ob man überhaupt das Princip verwerfen will und darf oder nicht. Denn es gibt in der That nur die Wahl zwischen ihm und dem des Territorialismus, der localen Gemeindegrenzen, wonach dann die Einen für lutherisch geboren gelten und die Andern für reformiert oder katholisch geboren. Es liegt in dem Kirchen- und Lehrbegriff des Lutheraners begründet, daß er ein höheres Gewicht darauf legt, daß einem Kreise je weiter je lieber rein Wort und Sacrament dargeboten werden als Mittel des ewigen Heiles, wenn auch dabei viel Schwachheit, Sünde und Fehl der Gemeindeglieder zu tragen sind, denn daß alle Glieder dieses Kreises als bewußte und bewährte Glieder der Confessionskirche dastehen. Gewiß ist das ein richtiger Grundsatz vor Gott und Menschen. Aber wenn derselbe dazu ausartete, daß es nur Massengemeinden gäbe, bei denen das Bewußtsein des kirchlichen Zusammenhanges gegen das des bürgerlich socialen völlig zurückträte, so bekäme man eben das Resultat, wol noch lutherische Pfarrer und lutherische Predigt mit Sacramentsübung, aber keine lutherischen Gemeinden aufweisen zu können. Es ist ja gar nicht nur zu fragen, was

---

[1] Richter, KO. I, 56 ff.

in der Zeit der Reformation anderes hätte geschehen können oder sollen, sondern es bleibt eine Frage aller Zeiten und aller Kirchen, welche in der Kindertaufe den ersten Act der Aufnahme des Nachwuchses zur Gliedschaft an der christlichen Kirche anerkennen und ehren. Bei dieser Voraussetzung bleibt es unerläßliche Pflicht der einzelnen Bekenntnißkirche nicht nur eine Zeit sorgfältiger Erziehung zur Kirchengliedschaft eintreten zu lassen, sondern an den Abschluß dieser einen Act der Entscheidung zu stellen, so geartet, daß man überzeugt sein darf, keines der in der Kindheit getauften neuen Glieder werde zur vollen und selbständigen Gemeinschaft aufgenommen, ohne daß es sein eigner vollbewußter Entschluß, freie Ueberzeugung und eine sittliche, fürs Leben gemeinte Entscheidung und Verpflichtung ist.[1]

An diesem Puncte muß sich ganz ebenso wieder zeigen, ob das alte Territorialprincip, wenn gleich es längst in seiner Starrheit und Ausschließlichkeit durchbrochen ist, noch immer herrscht und die Kirchenpraxis bestimmt oder jenes Princip bewußter Freiwilligkeit. Wo man die Confirmation, die dieses Entscheidungsziel bildet, nicht freigibt oder doch ein höheres Maß der Freiheit bei ihr walten läßt, sondern statt dessen ein staatlich festgesetztes Schablonenjahr des Confirmationsalters walten läßt, bei dem die Schulreife mit der für die Gemeinde, der Uebergang zur engren Berufswahl mit dem Eintritt in die Berufssphäre selbständiger Kirchenglieder verwechselt wird, muß man nothwendig die Frucht des Territorialprincipes ernten. Gemeinden wird man dann haben, die mehr die geographischen und localen Grenzen, als das Bewußtsein ihres kirchlichen Zusammenhangs, noch weniger ihrer christlich-kirchlichen Lebensaufgabe zusammenhält.

Unsre lutherische Kirche insbesondre hat in dieser Praxis das alte Princip des Territorialismus fortgeführt zu ihrem großen Schaden und — sagen wir nun — wider das uranfänglich von Luther ins Auge gefaßte Princip. Wie immer damals die Ausführung erschwert sein mochte: das kann nicht zweifelhaft sein, an welchem Puncte vornämlich die Fortwirkung davon verspürt wird, daß die Durchführung des ursprünglich reformatorischen Principes unterblieb. Daher haben gereifte Lehrer der luthe-

---

[1] Vgl. Meine Lehre vom Katechumenat od. der kirchl. Erziehung. System der Katechetik I, S. 687 ff.

rischen Kirche, wie Höfling, gradezu auf jenen ursprünglichen Gedanken zurückgreifen zu sollen geglaubt und gefordert, daß durch die Unterscheidung eines doppelten Reife- und Entscheidungstermines ein engrer Kreis wenigstens, nach Luthers und Lamberts Vorgang, eine Art „Sammlung" bewußter Glieder gebildet werden möge.[1] Jener selben Zeit, welche die Trennung der Kirche vom Staate in unmittelbare Aussicht stellte, entstammten der ersten Abfassung nach seine Vorschläge. Andre — wie v. Hofmann auch — haben sie, Gleiches anstrebend, etwas anders formuliert. Die Frage darum, die ernsteste Erwägung der Möglichkeiten, die Hochhaltung und immer neue Betonung vor Allem des Principes darf nicht schweigen und mit den momentan zurückgetretnen äußren Entscheidungen im Bewußtsein zurücktreten. Es ist, wie es Höfling nannte, eine „gebieterische Forderung" grade unsrer Zeit, und die Lage keine andre als die von ihm gekennzeichnete: „Entweder wird die Kirche durch unkirchliche Majoritätsbeschlüsse vollends zu Grunde gehen, oder ihr actives Bürgerrecht von dem der Sacraments- und Gnadenmittelgemeinschaft unterscheiden müssen". Das Bedenken, das man solchen Anregungen entgegensetzt, sie führten zur Separation, ist gewiß nicht berechtigt. Höfling war am wenigsten ein Wortführer der Separation. Die alte Kirche im 4.—6. Jahrhundert hat bei ihrer großartig ökumenischen Haltung eine strenge Unterscheidung zwischen selbständigen und unselbständigen Kirchengliedern durchzuführen gewußt. — Separationsbestrebungen aber vermeidet man am wenigsten, wenn innerhalb der Kirche der Freiheit und Freiwilligkeit nicht Raum geschafft und der Eindruck nicht vermieden wird, daß man der Beseitigung erkannter Schäden nur aus Trägheit oder Furcht auszuweichen suche. Große Kirchenorganismen, wie die Kirche von England, bestehen unangefochten fort bei der Freigebung der Confirmation.[2]

---

[1] Höfling, Grundsätze ev.-luther. Kirchenverfassung. Erlangen 1851 S. 31 f.

[2] Schleiermacher hat in neurer Zeit zuerst diese Forderung wieder geltend gemacht und als einfachen Modus dafür vorgeschlagen, daß die Zeit, wann Eltern ihre Kinder zum Abendmahl bringen, gar nicht bestimmten, von der Staatskirche festgesetzten Normen zu unterwerfen, sondern der freien und privaten Verhandlung zwischen dem Hause und dem Seelsorger zu überlassen sei. Das war in der That auch wesentlich die älteste lutherische Praxis vor Einführung der Confirmation. Dann löst sich der Act der Aufnahme zur selbständigen und repräsentativen Gliedschaft an

Freilich zeigt sich dabei, wie dieses Freiwilligkeitsprincip eine zweite Consequenz nothwendig miteinschließt, die nämlich, daß man Ernst damit macht, der Gemeinde ihre selbständigen Rechte und eine selbstthätige Lebensentfaltung zu gewähren. Das Territorialprincip hat zu seiner nothwendigen Kehrseite jene Auffassung der Gemeinde, wie wir sie am orthodoxen Episkopal- so gut wie am Thomasius'schen Territorialsystem zu tadeln fanden, wonach die Gemeinde nur als repräsentierte vorhanden, berechtigt, jedenfalls nur so activ ist, sei die Repräsentation im Lehrstande, oder in Kirchenbehörden, oder endlich in der weltlichen Obrigkeit gegeben. Dies bezeichneten wir als den Punct, wo mit relativ berechtigter Kritik das Collegialsystem als ein Correctiv eintrat. Das führt auf ein zweites Moment in der reformatorischen Durchführung dieses Principes.

In jenem Reformationsplan Lamberts schließt sich daher unmittelbar an die Vorschläge für Constituierung der Einzelgemeinde, die wir oben gaben, eine ganz neue Theorie vom Kirchenregiment und von der synodalen Vertretung der Gemeinden. Das Gesammtregiment nämlich stellt sich in der General synode dar, in der neben dem gesammten Lehrstand Laienabgeordnete aller Gemeinden die Kirche repräsentieren. Der Fürst und der Adel ist zwar hier auch noch als ein besondrer Stand in der Kirche betrachtet, aber doch nur in der Form, daß jenem und einer Auswahl dieser an sich Sitz und Antheil an der Synode und namentlich auch an dem stehenden Verwaltungsausschuß vorbehalten wurde. Das hat nur Interesse als Uebergangsmoment aus der territorialen Anschauung der Zeit zu der neuen principiellen. Wir behalten als Hauptsache die Presbyterialverfassung übrig, die damit beantragt war und in dem Regiment durch gemischte Synoden ihren specifischen Ausdruck hat.

Das war in der That ein ganz neuer Gesichtspunct, sofern man sonst Synoden von lutherischem Standpunct nur als Klerikalsynoden kannte, entsprechend jener andren Fortbildung des Gemeindeprincipes von der Pfarrwahl durch die Gemeinde zur Bischofswahl aus der Mitte der Pfarrer (s. ob.). Die Ausgleichung beider damit nebeneinander getretenen Systeme wird eine weitre Frage bilden.

der Gemeinde von jenem Ziele ganz ab. Vgl. Schleiermacher, prakt. Theol. herausgegeben von Frerichs, S. 350 ff. mit meinem System der Katechetik I. S. 715 ff.

Zunächst ist nicht in Abrede zu stellen, daß Lambert von Avignon damit nur Consequenzen eines von Luther selbst aufgestellten Principes aussprach. Es ist ja bekannt, in welchem Umfang Luther von vorn herein der Selbstbethätigung der Gemeinde das Wort redete. Wie er sich anfangs dieselbe im Einzelnen vollziehbar dachte, dafür darf die von ihm selbst als ein „primum exemplum" bezeichnete, jedenfalls mit seiner vollen Zustimmung ausgegebne „Kastenordnung" für die Stadt Leisnig vom J. 1523 gelten. Luther gab sie selbst in Druck (D. W. II, 383). Die Gemeindeversammlung bildet da die entscheidende Instanz, wobei man soweit ging, auch den Frauen in derselben das Stimmrecht zu gewähren. Das Laufende ordnen in sonntäglichen Versammlungen zehn „Vorsteher" der Gemeinde — zwei Adlige, zwei Rathsmitglieder, drei Bürger, drei Bauern, wobei auffallender Weise das geistliche Amt gar nicht vertreten war. Das bürgerliche Armenwesen wird dabei ganz als Sache der Pfarrgemeinde betrachtet; nicht minder das Schulwesen.[1]

Der Versuch mißlang gänzlich, wie unschwer vorauszusehen war. Nachdem zuerst Rath und Gemeinde über die Kirchengüter in Zwiespalt gerathen waren[2], kam zuletzt der Pfarrer in Gefahr Hungers zu sterben und begehrte lieber wieder ins Kloster zurückzukehren, als in dieser Weise die Frucht der neuen Freiheit länger zu kosten. Luther gesteht zuletzt selbst: „discruciat me vehementer hoc pessimum exemplum, quod ut primum ita oportuit esse optimum" (D. W. II, 567 f.). Diese und ähnliche Erfahrungen, die tumultuarische Geltendmachung der beanspruchten Gemeinderechte in Magdeburg und anderwärts, wo wir bereits alle Mittel der Neuzeit bis zu den Sturmpetitionen in Bewegung gesetzt sehen[3], namentlich der Mißbrauch, der von diesen Grundsätzen in dem Bauernkriege gemacht wurde[4], bewirkten endlich bei Luther eine solche Umstimmung, daß er bis zur Desavouierung seiner eignen früheren Grundsätze fortging. Es bildet dies ein Moment mit dafür, daß man auf den Beruf der Fürsten in der Kirche recurrirte. In dem Handel mit Karlstadt zu Orlamünde,

---

[1] Richter, KO. I, 10 ff.   [2] D. W. II, 380.
[3] Vgl. Funk, kirchenhistorische Mittheilungen aus der Geschichte des evangel. Kirchenwesens der Altstadt Magdeburg. 1842.
[4] Vgl. Richter, Geschichte u. s. w. S. 21 ff.

der überhaupt reich an ergötzlichen Scenen ist — er fällt noch in das Jahr 1524 (August) —, erklärte Luther z. B.: „Carlstadt, den sie ihren Pfarrherrn und Seelsorger nennten, sei es nicht, weil der Kurfürst und die Universität nichts darum wüßten". Er mußte darauf die nahliegende Einrede dulden: „Wenn Carlstadt unser Pfarrherr nicht ist —, so müssen Eure Bücher falsch sein, denn wir haben ihn erwählt".[1] Ein kurfürstlicher Befehl zu Carlstadts Absetzung war das Resultat, über das Luther nachmals an Amsdorf scherzend schrieb: „Du siehst, daß ich, der ich einst ein Märtyrer werden sollte, dahin gekommen bin nun selbst Märtyrer zu machen" (D. W. II, 557). Von allgemeiner Bedeutung ist ein erst neuerdings bekannt gewordnes Actenstück, Luthers Censur über die Artikel von Erfurt, wo wie in Magdeburg die Reformation zu tumultuarischen Vorgängen ausgeartet war (1525).[2] „Ists nicht aufrührisch," sagt Luther dort, „daß die Pfarren (verstehe: Gemeinden) wollen selbst Pfarrer wählen und entwählen, unangesehen den Rath, als läge dem Rathe als der Oberkeit nichts daran, was sie in der Stadt machten". Der betr. Artikel der Erfurter, den Luther damit cassierte, enthielt an sich allerdings nur eben das, was er selbst früher aufgestellt hatte: „daß eine Gemeine ihren Pfarrer zu setzen und entsetzen habe und daß durch dieselbige verordnete Pfarrer das lauter Wort Gottes klärlich fürgetragen werde, ohne allen Zusatz..." Höchstens kann man sagen, daß Luther dabei immer die selbständige Betheiligung der Obrigkeit als eines besondren Standes in der Gemeinde einbedacht hatte.

Aus diesen geschichtlichen Voraussetzungen erklärt sich aber vor Allem, wie man dazu kam von dem Recurs an die Gemeinden so lange abzusehen, bis diese selbst die „Sammlung" einer wirklich evangelischen Gemeinde repräsentierten und warum dieser neue Gesichtspunct nun in den Vordergrund trat. Vor Allem fing man an die Nothwendigkeit einer Disciplin in den Gemeinden zu erwägen. So schoben sich die Fäden in einander, die Lambert nur zu einem überkünstlichen Gewebe zu vereinigen bestrebt war.

Das Interesse an der selbständigen Gemeindevertretung reducierte sich

---

[1]) Vgl. Acta Jenensia vor Reinhard in Luthers Werken W. XV, 2422 ff.
[2]) Vgl. Seidemanns Ergänzungsband zu Luthers Briefen von De Wette VI, S. 59 ff.

in der Folge bei den lutherischen Reformatoren nur noch auf Vorschläge und einzelne Versuche Gemeindevertreter und Gehilfen für die Kirchenzucht zu schaffen, abgesehen von dem andren Gebiet, der Verwaltung des Kirchengutes und der Versorgung der Armen, das natürlich Gemeindevertretung forderte, aber auch angenähert bürgerlichen Charakter annahm. Es ist außerordentlich interessant zu beobachten, wie in dem Maße, als diese letzten Regungen für active Gemeindebetheiligung im lutherischen Lager vereinsamen und verklingen, in den Kreisen der Calvinisch Gesinnten, von ebendemselben Bedürfniß der Zucht ausgehend, die anfangs ganz gleich lautenden Stimmen laut werden — der Anfang für die Durchführung einer Presbyterialverfassung in der Reformierten Kirche. Lechler hat den Nachweis in genügender Vollständigkeit gegeben.[1] Und in der That kann sich ja darüber niemand verblenden, daß in der Reformierten Kirche die höhere Selbständigkeit der Gemeinde auch zu einem viel entwickelteren Gemeindeleben, zu einem bewußteren und geschlosseneren Gliedschaftsstand in den einzelnen Gemeinden geführt hat. Dort fand daher auch die Synodalverfassung, wie sie Lambert anstrebte, ihre volle Ausbildung.

Beides, Presbyterial- und Synodalverfassung, die letzte in dem Sinn der Laienvertretung zugleich, ist ein Loosungs- und Stichwort der Gegenwart geworden. Daß die längste Tradition lutherischer Praxis davon nichts weiß, darf als Gegengrund nicht laut werden dagegen; denn eben unser Leiden war damit zugleich Tradition, der Territorialismus, der die Gemeinden mehr noch als die Kirche überhaupt des selbständigen Lebens schmerzlich beraubt hat. Spener hat sich nicht nur durch die Kenntnißnahme von Reformierten Kircheneinrichtungen, sondern durch greifbare Nothstände der lutherischen Kirche selbst zu Vorschlägen nach dieser Seite bewogen gefühlt. Man muß vielmehr in geschichtlicher Treue nicht nur zugestehen, daß die Voraussetzungen dafür in den ersten ursprünglichen Verfassungsansätzen auch unsrer Reformatoren vorliegen, sondern daß die Sache auch, recht verstanden und nicht einseitig durchgeführt, den lutherischen Principien ganz conform ist. Wenn nur eine entscheidende Bedingung und jene letzt angedeutete große Lehre der Geschichte

---

[1]) Geschichte der Presbyterial- und Synodalverfassung. Leiden. 1854. S. 28 ff. vgl. 6 ff.

nicht dabei übersehen wird. Die Lehre der Geschichte ist, daß man jede Aufrufung der Gemeinde im lutherischen Lager suspendierte, bis statt blos territorial verbundner Massengemeinden, gesammelte, kirchlich gezüchtete und vom lutherischen Bewußtsein zusammengehaltne Gemeinden die Voraussetzung dafür bildeten. Meint man denn, daß es den in dieser Hinsicht so praktischen Reformierten je in den Sinn gekommen wäre, eine Presbyterial- und Synodalverfassung mit der Unterlage von territorialistisch zusammengeworfnen Gemeinden herstellen zu wollen? In der Reformierten Kirche gehört, anders als in der lutherischen Kirche, die Kirchenzucht zu einem unveräußerlichen Wesensmerkmale der Kirche. Nur auf der Basis von Gemeinden, die durch kirchliche Selbstzucht ihren kirchlich eigenthümlichen Charakter bewahren, kennt die Reformierte Kirche eine synodale Vertretung durch Laien neben den Geistlichen. Dasselbe darf man als allgemeine Voraussetzung bei den Lutheranern hinstellen. In Hessen ging auf diese Weise, auch nach Beseitigung des Lambertschen Vorschlags, ein Laienantheil an der Gemeindezucht mit Synodalvertretung Hand in Hand. Es ist das einzige lutherische Land, wo dieses Princip eine reinere Durchführung fand, vereint, als wichtiger Fingerzeig, mit dem andren Moment principiell lutherischer Tradition, der episkopalen Superintendentenverfassung.

In der Gegenwart sinnt man der lutherischen Kirche allgemein eine Presbyterial- und Synodalverfassung an, ohne sich nur Rechenschaft darüber zu geben, ob die natürlichen und nothwendigen Voraussetzungen in den Gemeindezuständen vorliegen, die der Kirche dergleichen möglich machen. Wäre nicht die Loosung überwiegend von politischen Factionen oder doch im Zusammenhang mit den politischen Bewegungen seit Anfang dieses Jahrhunderts ausgegangen, wobei man vielfach die kirchlichen Fragen nur zeitweis als Hebel dafür benutzte, den Massen das Regiment zu verschaffen, auf welchem Gebiet immer zuerst es möglich sei, so wäre die Thatsache kaum zu begreifen. Schwerer begreiflich ist's, wie kirchlich wohlgesinnte Männer dem Principe das Wort reden, ohne vor Allem Wege zu zeigen, die kirchlichen Unterlagen dafür herzustellen. Als Spener seine Stimme in der lutherischen Kirche dafür erhob, geschah es eben nur im Zusammenhang mit den andren Bestrebungen, die darauf gerichtet waren, zuerst das Gemeindeleben zu heben und Zuchtübung in den Gemeinden zu ermöglichen. Es ist richtig, daß Eines auch wieder das Andre bedingt; aber nicht nur muß klar sein, welches von Beidem die Stelle des Prius fordert, sondern auch daß man von principieller Durchführung des Andern, von den Grundlagen des allgemeinen Stimmrechts, der schlechthinigen Gemeindevertretung, so lange absehen muß und sich nur etwa vermittelnder Formen dazu bedienen kann, ein lebhafteres Gemeindeinteresse auf diesem Wege selbst wieder zu erwecken. Dazu dienen die sogenannten „Kirchenvorstände" u. dgl., vorausgesetzt daß sie nach richtigen Normen gewählt und mit dem jetzt obenan erforderlichen numerischen Maß auf den Synoden den Pfarrern zur Seite gestellt werden. Es ist nicht zu verkennen, daß auf diesem Wege in den Generalsynoden Bayerns eine Vertretung geschaffen worden ist, die unter den gegebnen Verhältnissen das Beste leistet, was nach dieser Seite in den lutherischen Landeskirchen überhaupt erreicht werden konnte. Wo man es dagegen darauf anlegt, eine kirchliche Massenvertretung nach der Schablone der politischen zu schaffen, kann daraus nur ein neuer Territorialismus hervorgehen — in andrer Form natürlich und mit der Tyrannei, die schlimmer ist als Fürstenwillkühr, — mit dem Terrorismus der Massen. Territorialismus in seiner Art ist auch das, wenn Localgemeinden, die eben nur dies sind, in ihrer Vertretung durch Majoritäten die Kirche regieren, ihr Gesetze geben und über Bekenntniß und Gottesdienst derselben entscheidende Bestimmungen treffen.

Wir sind am Ende unsrer geschichtlichen Darstellung und der Erwägung der nächsten daraus sich ergebenden Consequenzen angelangt. Es erübrigt nur der Zusammenschluß der verschiednen Momente.

Ueber den Summepiskopat entscheidet die Geschichte klar. Wir schweigen von dem Urtheil, das sich derselben im Verlauf der Entwicklung der lutherischen Kirche entnehmen läßt. Er ist wesentlich eine Zeitschöpfung und von den Reformatoren nur als ein zeitlicher Nothbehelf in die Entwicklung hereingenommen worden. Das Thomasiussche Territorialsystem obenan ist damit gerichtet. Dennoch gewährt die Entscheidung der Reformatoren für ihn eine wichtige Lehre. Nicht nach Seiten der Berechtigung der Obrigkeit als besondrer kirchlicher Stand. Ich muß gestehen, daß mir das Sensorium abgeht für diese Seite der orthodoxen Lehre und ebenso jedes Recht der Consequenz aus biblischen und kirchlichen Obersätzen dafür zu fehlen scheint. Wohl aber nach der Seite, daß es lehrt, in Verfassungsfragen aller Principienreiterei zu widerstreben, das Maß des Möglichen in der Zeit zu ehren und zu wollen, und Gottes Gaben und Winke in den von ihm geleiteten Verhältnissen zu erkennen. Nur in diesem Sinne sind die Reformatoren darauf eingegangen; frei von den Thorheiten der Systematisierung und Idealisierung spätrer Zeiten, die in allen drei vorausgegangnen Jahrhunderten freilich leichter zu begreifen sind, als in dem unsren. Die Lehre ergibt sich daraus, daß man auch in der Gegenwart kein Recht hat, aus Principienfanatismus auf die Zerstörung einer Form hinzuarbeiten, so lange die Zustände für principiell berechtigtere Formen nicht reif sind. Auch eine gewisse Einheit mit den principiell angestrebten Formen läßt sich vielleicht für die reformatorische Hinneigung zum Summepiskopat der Fürsten finden. Einmal geschah es in der Form der freien Erwählung der Fürsten zu diesem Beruf, durch die, welche in der That damals Vertreter der reformatorischen Gemeinden waren. Man vergleiche den Wortlaut in der Vorrede zu den Visitationsartikeln. Andrerseits war es nicht die Obrigkeit in abstracto, die man so mit diesem großen Beruf beauftragte, sondern es waren die innerhalb derselben von Gott damals gegebnen, der Kirche gleichsam geschenkten Personen, die mit so viel entsprechendem Sinn und geeigneten Gaben für das Werk sich darboten.

Damit treffen wir das eigentlich bestimmende und einende Princip lutherischer Amts- und Verfassungsanschauung. Es ist nicht ein Kirchennoch ein Amtsbegriff in abstracto, von dem die lutherische Theologie und die Reformatoren obenan ausgehen, sondern es sind Menschen, die Menschen, welche als vom Evangelio ergriffene und geheiligte, im rechten Glauben geeinte einerseits den Begriff der Gemeinde constituieren, andrerseits als von Gott durch Gaben bezeichnete und ordentlich berufne die stetige Forterhaltung eines von Christo gestifteten Lehramtes in der Gemeinde darstellen, die Verwalter des Wortes und der Sacramente, woraus ihr eigner, wie der Glaube der Gemeinde stammt.

Beides nun soll sich auch nach den Principien lutherischer Kirchenverfassung einen selbständigen Ausdruck geben. Daher die höhere Bedeutung, welche allzeit in der lutherischen Kirche der Lehrstand für sich gehabt hat, als in der Reformierten Kirche. Und dabei doch andrerseits die echt lutherische Forderung einer selbständigen Betheiligung der Gemeinde. Für letztre muß als entscheidende Grundlage das Princip der Freiwilligkeit, einer durch bewußte und überzeugungsmäßig bekundete Entscheidung für die Kirchengliedschaft gelten. Eine so constituierte Gemeinde ist in der That die Quelle aller Dienste in der Kirche. Aus ihr kommen zuerst die rechten Menschen auch für den Dienst am Lehramt. Die Wahl durch eine so beschaffne Gemeinde wäre daher nur der entsprechende Ausdruck für die wirkliche Thatsache, so bestimmt ein Zusammenwirken des bestehenden Lehrstandes mit der Gemeinde zur Erhaltung des Lehramtes in dem naturgemäßen Verhältniß beider Factoren vorgebildet und durch die Geschichte sanctioniert ist.

Das Kirchenregiment aber wird nach der Consequenz jener Voraussetzungen seine eigentliche und native Physiognomie auch nicht in Behörden, sondern in Menschen, in Persönlichkeiten haben. Die Gemeinde setzt für das Kirchenregiment ihre edelsten Bestandtheile heraus; die Pfarrer untergeben sich den aus ihrer Mitte erwählten Besten als ihren Oberen. Das ist ursprünglich lutherische Anschauung und edelste consequenteste Durchführung des Principes der Freiwilligkeit. In Lehrsachen ist's die Lehrersynode, welche allein verständiger Weise tagen und entscheiden kann. Die klerikale Synode bleibt, als genuin lutherische, überhaupt in ihrem selbständigen Recht, neben der Generalsynode, wo die Gemeinden zugleich vertreten sind. Dem Behördenwesen aber bleibt nur der Raum, den die Anlehnung an das Moment der persönlichen Vertretung im Episkopat wie auf der Synode übrig läßt, zu heilsamem Schutz gegen büreaukratische Verselbständigung abstracter Collegien.

Das ist, so viel ich sehe, die Summa der als lutherisch zu bezeichnenden Principien der Reformatoren in Sachen der Verfassung. Daß wir heil werden von aller rabies theologorum einerseits und von aller Uebertragung politischen Parteigeistes auf kirchliche Dinge, des politisch conservativen wie des demokratischen, andrerseits, werden erste Voraussetzungen einer möglichen Erreichung reformatorischer Grundlagen und Ziele in der Zukunft sein.

Anhang.

Marheinecke, Schleiermacher und Friedrich Wilhelm IV. über Vergangenheit und Zukunft der protestantischen Kirchenverfassung.

Das Jahr 1808 bezeichnet den Anfang der ersten thatsächlichen Verfassungsreformen in Preußen. Aber es geschah damals mehr nur was momentan zweckmäßig schien. Principiell gewürdigt war's ein Rückschritt, den König Friedrich Wilhelm IV. selbst später empfindlich geißelte. Man verlegte die Consistorialgewalt ausschließlich in die Regierung. Ein principielleres Vorgehen zeigt sich seit dem J. 1814. In diesem Jahre erschienen — anonym zwar und darum vielleicht von beschränkterer Wirkung als Bedeutung — die Vorschläge Marheinecke's für Reform der Verfassung in seinen Aphorismen zur Erneuerung des kirchlichen Lebens. Berlin 1814.

Unverdient unbekannt geworden, treffen sie in Kritik des Bestehenden und Rath für den Neubau mit so vielem was namentlich seit 1848 in gleicher Richtung gesagt worden ist, so vielfach zusammen, daß aus der seltnen Schrift hier einige wörtliche Auszüge ihre Stelle finden mögen. — Abschnitt VII S. 232 ff. handelt von der „Kirchlichen Verfassung und Regierung". Er bestreitet zunächst daß eine kirchliche Regierung denkbar sei, die sich blos „über das sogen. Aeußre" (jus circa sacra) erstrecke. Nach seiner Anschauung von der Kirche als in Nationalkirchen erscheinend, wovon ich anderwärts eingehender zu reden Gelegenheit haben werde, läge ihm die engste Eingliederung der Kirchen- in die Staatsverfassung nahe. Dem entspricht, daß er dem „kirchlichen Gesetzbuch", das als die „unmittelbare Folge des aufgestellten Glaubensbekenntnisses" bezeichnet wird, eine ähnliche Bedeutung beilegt, wie dem Verfassungscodex der Staaten (S. 237).

Dennoch redet er der kirchlichen Selbständigkeit innerhalb des Staates auf das entschiedenste das Wort. „Es kann" heißt es S. 240: „nur die Wahl sein zwischen einem obersten Bischof[1]) und einem perennirenden Synodus: das Beste würde unstreitig die Aufstellung beider in wesentlicher Verbindung mit einander sein." Der Vorschlag ist auf das ganze protestantische Deutschland berechnet. Der Bischof oder eine Commission jener Synode müßte wenigstens alle drei Jahre eine große Visitation aller Landeskirchen anstellen. Vor dieses Forum gehören die Glaubensstreitigkeiten und die schiedsrichterliche Entscheidung über Differenzen der Geistlichen, die geistliche Gerichtsbarkeit und eventuell die Ehesachen. Alle fünf Jahre beruft der Bischof eine Nationalsynode unter seinem Präsidium. Wie Schleiermacher auch fordert er für einen solchen Bischof gleich tüchtige praktische wie theologische Befähigung.

Gegen diejenigen, welche hierarchischen Mißbrauch dabei befürchten möchten, erklärt er sich S. 266: „Aus dem Grunde gegen die Idee und das Amt des wahren Bischofs sich einnehmen lassen, wäre doch über alle Maaßen kindisch und in der That nichts anders, als wenn man aus der Geschichte des Bonaparte gegen die kaiserliche Würde schreiben wollte."

---

1) Wie einst die Reformatoren setzt er den Titel gleich mit Superintendent S. 253.

Den Schluß bildet die Kritik des Summepiskopats des Landesherrn. Die vorbereitenden Anfänge findet M. in der Verbindung der weltlichen Herrschaft mit dem Bisthum in der Röm. Kirche — „vergessend ihrer ursprünglichen und durchaus geistlichen Bestimmung zogen sie vor, Junker zu sein und weltliche Herrn, und mit dem Bischofsstab zugleich nach Art der Fürsten und Könige Land und Leute zu regieren. Wie übel ihnen dieses auch anstehen mochte, ... davon waren sie doch alzumal und zu allen Zeiten weit entfernt, zu glauben, deswegen, weil sie als Fürsten weltliche Macht besaßen, seyen sie nun auch Bischöfe: denn das war erst die Ausgeburt einer spätern Zeit und einer Rechtswissenschaft, die, nachdem man keine Bischöfe mehr hatte in jenem Sinne, nun, statt zu dem ursprünglichen Begriff des Bischofs zurückzukehren, sich blos an dem Namen genügen ließ und so in den nämlichen Fehler, den man vermeiden wollte, verfallend, aus einer übel angebrachten Schmeichelei (?) den protestantischen Landesherren doch wenigstens den bischöflichen Schein zuwenden wollte. — Was war es aber anders, als bloßer Schein: denn zeigten die Bischöfe der katholischen Kirche, als Fürsten in weltliche Händel und Geschäfte verwickelt, selten mehr ... als den bloßen Glanz und Schein des Bischofs, was konnten die protestantischen Fürsten mehr davon aufzeigen, wenn sie sich Bischöfe nennen ließen? So daß man fast glauben sollte, es hätten es die protestantischen Kanonisten und Publicisten nur gethan aus bloßer Ironie, nämlich um zu zeigen, man könne solche Bischöfe, als die katholische Kirche bisher gehabt, und wenn's darauf ankäme, auch Prälaten, Domherrn und Canonici, die ohne wahrhaft dem geistlichen Stande anzugehören, blos durch weltliche Dinge und Geschäfte oder gar blos durch Vornehmigkeit und hohen Rang und Stand sich auszeichneten, sehr leicht auch in der protestantischen Kirche machen und haben. Auch das nannten sie dann noch Protestantismus" — —.

„Wir haben an Heinrich VIII. von England ... ein Exempel ..., das sich abschreckend genug zur Warnung aufgestellt und alle weiteren protestantischen Fürsten jederzeit bewogen hat, mit den Eigenschaften, auch den Rechten und Amtsgeschäften eines Bischofs gern zu entsagen." (S. 271 ff.). —

Ganz verwandt hatte Schleiermacher schon in einem 1808 an die Regierung eingegebenen aber der Oeffentlichkeit vorenthalten gebliebnen Vorschlag geurtheilt. Richter hat darüber Mittheilungen aus den Acten des Ministeriums der geistlichen Angelegenheiten gemacht.[1]) Die Ursache des gesunknen kirchlichen Lebens findet Schleiermacher obenan darin, daß durch die Reformation die Kirche dem Staate eingeordnet worden, als sei sie ein Institut des letztren selbst. Alles würde daher nach Principien äußren Rechts und äußrer Verbindlichkeit beurtheilt. Die Consistorialbeamten namentlich haben sich immer mehr nur als Staatsbediente anzusehen gelernt. Es handle sich um zeitgemäße Wiederherstellung altkirchlicher Verfassungsformen. Der Staat habe sich der inneren Verwaltung der Kirche gänzlich zu entschlagen und der Kirche das Recht der Selbstregierung zurückzugeben. Diese soll geübt werden, in der Spitze durch Provinzialbischöfe, denen eine Anzahl Theologen als Capitel zur Seite stehen. Der Bischof vereinigt die Geistlichen zu Synoden, die Gemeinden haben an Presbyterien ihre Organe. Aus Deputirten aller Bisthümer versammelt sich die allgemeine Synode. Dem Staate verbleibt nur die Oberaufsicht. — Friedrich Wilhelm III. hatte es mit dem Bemerken, daß die Vorschläge für eine neue Organisation sehr wichtig wären, zur Begutachtung weitergegeben. Die letzte war abgünstig ausgefallen.

Unter der Regierung Friedrich Wilhelm IV. gewannen diese Fragen erst wieder die Bedeutung von Lebensfragen. Kaum aber waren sie dies irgend jemand so als dem edlen König selbst. Durch Richter sind in der angef. Schrift die „Vermächtnisse" desselben über die anzustrebende Verfassung der evangelischen Kirche zuerst in

---

1) König Friedrich Wilhelm IV. und die Verfassung der evangel. Kirche. Berlin 1861. S. 29 f.

weitren Kreisen bekannt geworden — ein Commentar zu den hochherzigen Worten, die der König am 2. Octbr. 1845 dem Berliner Magistrat gegenüber ausgesprochen: „daß er den Tag segnen werde, an welchem er die Kirchengewalt wieder in die rechten Hände zurückgeben könne." [1])

Aber nach den rechten Händen frug er. „Der Staat hat doch wenigstens Macht, seinen Episkopalwillen durchzusetzen. Welch denkbarer andrer Commissarius wird es ihm gleich thun können? Aber unsre drei Parteien abstrahiren vielleicht gern von der physischen Macht und rathen demnach dazu, die unentbehrliche Kirchengewalt entweder in die Hände von Bischöfen (nach ihrer Auffassung) oder in die des Volkes durch die Presbyterial- und Repräsentativordnung oder endlich vielleicht gar in die Hände unabhängiger Consistorien zu legen. Da sei Gott vor! Jedes der drei Heilmittel wäre siebenmal ärger als die Krankheit. Das ist mein ehrliches Bekenntniß" — so hatte der König schon in dem ersten Aufsatz vom J. 1845 geschrieben. [2])

Gegen jene drei Systeme aber erklärte er sich nur insofern, als jedes die Kirche auf eine „Verfassung" aus abstracten Principien zu gründen suche, während die Kirche selbst, ihr Lebenszustand und klar hervortretendes Bedürfniß, das Neue schaffen müsse. Unter dieser Voraussetzung seien alle drei Bischöfe, Presbyter und — nach seiner Ansicht — auch Consistorien „unentbehrlich" für die Kirche. Aus dem apostolischen Vorbild heraus müsse sich die Kirche erneuern zu wahrhaft kirchlichen Gemeinden und übersichtlichen Kirchenkreisen oder „Kirchen", wie es sich ausdrückt, zu einem Dieneramt und einem Aufseheramt, zu einer Regierung durch Synoden und Bischöfe. Die Aeltesten (das Seelsorgeramt als Geistliche und Hülfsälteste aus den Laien vertretend) bilden mit den Bischöfen zusammen: das Consistorium; mit den Diakonen zusammen: das Presbyterium; die Aeltesten, Diakonen und Hausväter zusammen: die Synode. Der Landesherr solle daneben oberster Ordner (?) und Schirmherr der Kirche bleiben, wofür ihm neben den Provinzialconsistorien ein Oberconsistorium als Organ diene. Die Domstifte sollten zu diesem Behufe ihrer kirchlichen Bestimmung wiedergegeben werden.

Den gesetzgebenden Körper sollte die Generalsynode mit den Provinzialsynoden bilden, während den Consistorien die vollziehende Gewalt bleibt.

Das Lehrreichere aber noch als diese positiven Vorschläge, in denen die Vermischung der Motive und Factoren schon manchen Stoff zur Kritik böte, ist die Kritik, die wie der traditionellen Mißgestaltung im Summepiskopat, so den modernen Heilversuchen durch kirchliches Repräsentativverfahren gewidmet wird. Sie bilden einen trefflichen Commentar zu dem oben im Text von uns gezeichneten Gang der Entwicklung.

„Als Provisorium" sagt er einerseits vom Summepiscopat — „haben es die Reformatoren ausdrücklich nur angesehen; als Provisorium war es gut und weise. Aber eben darum ist es schlecht und unweise, sobald es als dauernder Zustand, als wirkliche Organisation der Kirche angesehen wird", (a. a. O. S. 39). — „Das Territorialsystem bis in seine Extreme ist bei uns zur Praxis gekommen und in unsrem Beamtenstande Fleisch und Blut geworden. Das Episkopat des Landesherrn ist durch die Gesetzgebung anerkannt; jedoch allein wie eine rhetorische Floskel, um die absolute Souveränität des Königs auch über die Kirche zu bezeichnen. Unsre Könige waren bis zur Union, obgleich streng reformirt, so gut oberste Bischöfe der lutherischen Landeskirche als sie's jetzt der unirten Kirche sind; ja die katholischen Fürsten in Teutschland sind oberste Bischöfe über ihre evangelischen Landeskirchen.... Beide, Territorialsystem und landesherrliches Episkopat sind aber von solcher Beschaffenheit

---

1) Vgl. a. a. O. S. 39 mit Allg. Kirchenzeitung. Berlin 1845. Nr. 89.
2) Vgl. Richter a. a. O. S. 39 mit S. 15.

in sich, daß Eins allein schon vollkommen ausreichend wäre, die Kirche zu tödten, wäre sie sterblich. Die Zustände, die aus solchem System hervorgehen, kann man an den Bezeichnungen unsrer sogenannten kirchlichen Behörden erkennen; ein Königliches Ministerium mit Königlichen Ober-Consistorialräthen .... endlich Königliche Superintendenten!!" — So schrieb ein König!

Ueber Presbyterial- und Synodalverfassung neueren Stiles: „Ich sehe ein, daß sie viel Bestechendes hätte; denn sie begehrt ja anscheinend nur die Verfassung des nicht episkopalen Theiles der reformirten Kirche. Diese reformirte Kirche aber hat nun wirklich eine Verfassung, während die lutherische Kirche so viel Verfassungen als Länder und Ländchen zu ihr gehören, mit andren Worten, keine Verfassung hat. Eine nur oberflächliche Kenntniß der reformirten Verfassung einerseits und des Begehrens unsrer Presbyterialpartei andrerseits wird jede Täuschung vermeiden."

„Eine reformirte Gemeinde besteht aus zwei Haupttheilen, dem Kirchensenat oder Clerus und dem Volk. Der Clerus aber zerfällt in drei Theile: die Pastoren, die Presbyter und die Diakonen. Die ersten haben die Seelsorge, die zweiten haben die Sittenpflege, die dritten die Armenpflege. Das Volk wird in der Gemeinde durch Familienväter vertreten" ....

„Was will dagegen unsre Presbyterialpartei? Auch zwei Hauptabtheilungen: Geistliche und Repräsentanten. In der engeren Gemeinde sind die Repräsentanten mit dem Namen Presbyter willkürlich bekleidet. Das Volk, welches sonst kein Recht in der Gemeinde übt, wählt die Repräsentanten, diese die Pastoren und die Repräsentanten auf der Kreissynode, letzte wählen die Repräsentanten auf der Provinzialsynode u. s. w. Also Repräsentation!... In der modernen Kirche der Presbyterialpartei geht Alles von der Volkswahl und durch Volksbevollmächtigte fort" ...

„Die Bildung einer Synodalverfassung" heißts am andern Ort (S. 106), „werde ich aus allen Kräften befördern; aber die Synoden dürfen nicht als Vertreter der Kirche gegenüber den kirchlichen Behörden — nach Analogie constitutioneller Kammern — (vgl. die Vorschläge der Ansbacher General-Synode) — sondern sie müssen selbst als Behörden, als Vertretung der Kirche nach außen gedacht werden. Dann aber muß ich jeder Bildung der Synoden in der Art, wie die Analogie der Kammern sie ergeben würde, entgegentreten. Zum Eintritt in die Synode muß ein Kirchenamt oder der Auftrag der aus der neuen Constituirung der Kirche hervorgegangenen Kirchenbehörde die Vollmacht geben." — —

Man begreift, wie solchen Heilungsvorschlägen gegenüber der König schließlich erklären konnte: „Ich bleibe passiv, so lange die rechtmäßigen Organe der Landeskirche nicht den Beruf und den heiligen Willen empfinden und aussprechen, die gegenwärtige Gestaltlosigkeit mit einer Gestaltung zu vertauschen... Ehe der Kirche eine Verfassung gegeben wird, muß die Kirche selbst da sein, die ist aber nicht da, denn sie sitzt im Leibe des Staates." — —

Druck von Ackermann u. Glaser in Leipzig.